終章を生きる

2025年超高齢社会

はじめに

超高齢社会が近づいています。２０２５年、団塊の世代と呼ばれる１９５０年生まれの人たちが75歳に達し、65歳以上の高齢者が国の総人口の30％を超えると予想されています。いわゆる「２０２５年問題」です。

日本は今、人口の自然減と超高齢化の併存というかつて経験したことのない事態に直面しています。高齢化による病が増える一方、社会保障費の抑制は必須です。病院や介護施設の病床は不足していく見通しです。

そんな状況で、誰もが最期まで望むように生きられる社会の実現には何が必要でしょうか。下野新聞社は、豊かな終章のありようを長期連載「終章を生きる２０２５年超高齢社会」（２０１１年12月～12年６月）で考えました。

幸せな人生の終幕を迎えるには、自らの老いを見つめ、最期までの生き方を選択しなければいけません。「病院・施設重視から在宅へ」とかじが切られる中、それを支える在宅ケア（医療・介護）は進んでいるのでしょうか。明るい未来を生き抜く地域での処方箋はどこにあるのでしょうか。

一連のキャンペーン報道では、ルポルタージュに基づく連載や特集、アンケート、関連記事を通じて、日本の近未来を映し出し、急速に進む超高齢社会への「気付き」と「備え」を提示しました。

連載は5部構成で展開しました（本書の第一章にあたる部分）。「足音」では、既にそこにある超高齢社会の現象を描きました。「わが家で」では、わが家だからこそ引き出されるその人らしさと在宅ケアの現状と課題を捉え直しました。

「老いのものがたり」では、その人が生きてきた「ものがたり」を老いの過程で重視することの大切さを追い求めました。「『食べる』への挑戦」では、人工栄養法「胃ろう」や食べることの意義を通じて、高齢者が置かれた現実の一断面に迫りました。

「支え合うまちへ」では、人間関係の希薄化を補い、誰もが支え合える地域の姿を取り上げました。

長期連載と並行し、下野新聞社と国立大学法人宇都宮大は12年6月から宇都宮大で全6回にわたる連携セミナー「終章を生きる」を展開しました。毎週1回のセミナーでは、取材班の記者3人も講師を務め、来場者とともに、豊かな終章の実現に向けて一緒になって考えました。

本書では49回に及ぶ連載と一部特集、豊かな超高齢社会に向け、「命の質」を最重要の価値観とした提言などを収録しました。取材班は社会部・山崎一洋、若林真佐子、政経部・須藤健人の3記者で編成。デスクは社会部デスクの菊地哲也が務めました。

行き場のない高齢者はこれからどんどん増えていきます。超高齢社会を迎えている日本で、人生の最終章に手を差しのべる仕組みを早急に構築しなければいけません。

「終章を生きる」は第1回「日本医学ジャーナリスト協会賞」大賞、第31回「ファイザー医学記事賞」優秀賞に選ばれました。一連の報道が展開できたのは、取材に応じていただいた多くの方々のおかげです。本書発行を機に、あらためてお礼と感謝を申し上げます。

２０１３年４月

下野新聞社編集局長　飯島一彦

目次

第二章　超高齢社会のあるべき姿は

第三章　豊かな終章へ　５つの提言

本書は下野新聞の長期連載「終章を生きる　２０２５年超高齢社会」と関連記事などに加筆・修正をしたものです。年齢、肩書きなどは全て取材時のものです。２０１１年12月13日～12年６月18日にわたり49回連載されました。本書で県内・県北などとあるのは栃木県県名表示のない市町名は栃木県内の自治体です。

第一章　終章を生きる

プロローグ

２０２５年—。

昭和の始まりから１００年目となるこの年、日本は65歳以上の高齢者が総人口の30％を超え、現役世代が激減する人口構造に入っていく。「超高齢社会」だ。栃木県も例外ではない。とりわけ茂木町など県東部で高齢化の進行が著しく、１人暮らしの高齢者は約８万６千人、全世帯の約12％に達する。私たちがまもなく迎える未来は、長生きを心から祝福できる社会になるだろうか。

戦後の経済発展は、医療水準も引き上げ、世界に類を見ない長寿を急ピッチで実現させた。一方で、さまざまな副産物も生み出した。都市部への人口集中や核家族化、晩婚・非婚化、少子化、1人暮らしの増加…。いずれも人と人、人と地域とのつながりを希薄にさせたのではないか。

一つの象徴は「直葬《ちょくそう》」だ。病院など亡くなった場所から遺体を直接、火葬場に搬送し、親族が立ち会うこともなく荼毘《だび》に付す。身寄りのない人が増え、経済的な事情も絡んで、直葬は増える傾向にある。

高齢者を支える現役世代も減り続けている。年金・医療といった社会保障制度や経済…。急速な経済成長期につくられた社会システムのままでは立ち行かなくなる。

高齢化による病が増える一方で、社会保障費の抑制も必須で病院や介護施設の病床は不足していく。病院や自宅など看取《みと》りの場所さえ定まらないまま最期を迎える「終末期難民」が続出するかもしれない。

高齢者が高齢者の介護をせざるを得ない「老老介護」にも限界がある。在宅医療や介護サービスが拡充されなければ、現役世代も親のことが心配で安心して働けない。

不安の影は私たちの生活に忍び寄っている。
「未来の形をしっかり考え、長生きを喜べる社会をつくらなければいけない」。東京大高齢社会総合研究機構の辻哲夫教授はこう指摘する。

人は75歳ごろから急速に老化するという。1950年生まれの団塊の世代が75歳を迎える2025年にどう向き合っていくのか。長寿化がもたらした「老後」は長い。この期間を、人生を総仕上げする「終章」と位置付ける。

誰もが最期まで望むように生きられる社会の実現とは──。笑顔があふれる終章のありようを、栃木から考える。

足音

長い「老後」をもたらす超高齢社会は、人の生き方や最期の迎え方を大きく変える可能性がある。超高齢社会の片りんや、自ら描く人生を全うしようとする人々の姿を追う。

1　自ら描く最期

「最期」を見つめると、1日1日の重みが増す。

2011年11月初旬、宇都宮市今泉町の須田操子さん(66)は机の上の冊子を引き寄せ、鉛筆で「未来」を下書きした。

「散骨か樹木葬を希望します　骨つぼには入れないでください」

「もしものとき、延命治療は望みません」

築80年の古い民家。軒先につるした干し柿が、仏間の縁側に影を落とす。40年余り過ごしてきた自宅から、義父母の棺も送った。

「この家から旅立たせてください」

最期まで意志をもって生きようと、須田操子さんはエンディングノートを書き進める

冊子は遺言や自分史をつづる「エンディングノート」だ。

夫(69)と二人暮らし。跡継ぎはいない。

11年春、20年間務めた消費生活相談員を退職。10月に宇都宮大の公開講座「老い支度」を受講した。テーマは「死後の生き方」。エンディングノートの存在を知って感動した。帰り道、書店に立ち寄り早速買い求めた。「人生のけじめ」。大病の経験から、いつも頭の片隅にあり、ようやく形にする手だてを見つけた。

52歳の時、「がん」と診断され、死を初めて意識した。「自分の生きた証しを残しても意味なんてない」。思い出の詰まったアルバムや日記、手紙を自宅の裏庭で山積みにし、すべて燃やした。

大腸などの臓器を全摘出する約10時間の大手術。持ちこたえて麻酔から覚めると、白い光が目に差し込んだ。「生きてる。この命、意志をもって最期まで生きなきゃ」と思った。

1年後、相談員の仕事に復帰した。詐欺や多重債務といった弱者が虐げられる消費者問題と闘い、被害者に寄り添い続けた。

退職が迫った11年3月11日に東日本大震災が起きた。須田家の実家は仙台市。知り合いも多く東北には愛着があった。大津波にまちが飲み込まれていくテレビ映像に胸が締め付けられた。

「亡くなった人も、残された人も、お互いに伝えたいことがあったはず。やっぱり、自分の意志はしっかり残すべきだ」

11年12月初旬、近所のお寺の御詠歌サークルで、友人の女性に、エンディングノートの話をした。

死をめぐる話題は「縁起でもない」と避けられがちだ。最期のことを気にしながらも、家族や親しい人になかなか口にできずにいる同世代の友人は多い。

「大事なことだからこそ、普段から大切な人と話し合って、言いづらいことは字で残したいの」。エンディングノートの意味を打ち明けると、友人は「そうよね」と、静かにうなずいた。

エンディングノートに書いた望む葬儀の形は夫にも話した。「『そんな話するなよ』って言うの」。でも、少しずつ、伝えていこうと思う。

書き始めて、気付いた気持ちの変化。夫の布団に湯たんぽを入れたり、一緒にお茶を楽しんだり。「かけがえのない時間」との思いが募る。

ひまを見つけ、書き進めるエンディングノートは、まだ鉛筆での下書きだ。自らの最期を描く「終活《しゅうかつ》」は、続いていく。

2 あの日の尊厳死から

木々に囲まれた落ち着いたたたずまい。約20年前、全国の耳目を集めた場所は今も変わらない。益子町にある普門院診療所だ。

診療所では、1人の女性が「尊厳死」を遂げ、臓器移植のため腎臓を提供した。「脳死判定は適切だったか」。激しい議論が起こり、僧侶でもある田中雅博医師(65)は批判の矢面に立たされた。

認知症などの人が増える超高齢社会。本人の意思が確認できない中で治療を迫られ、

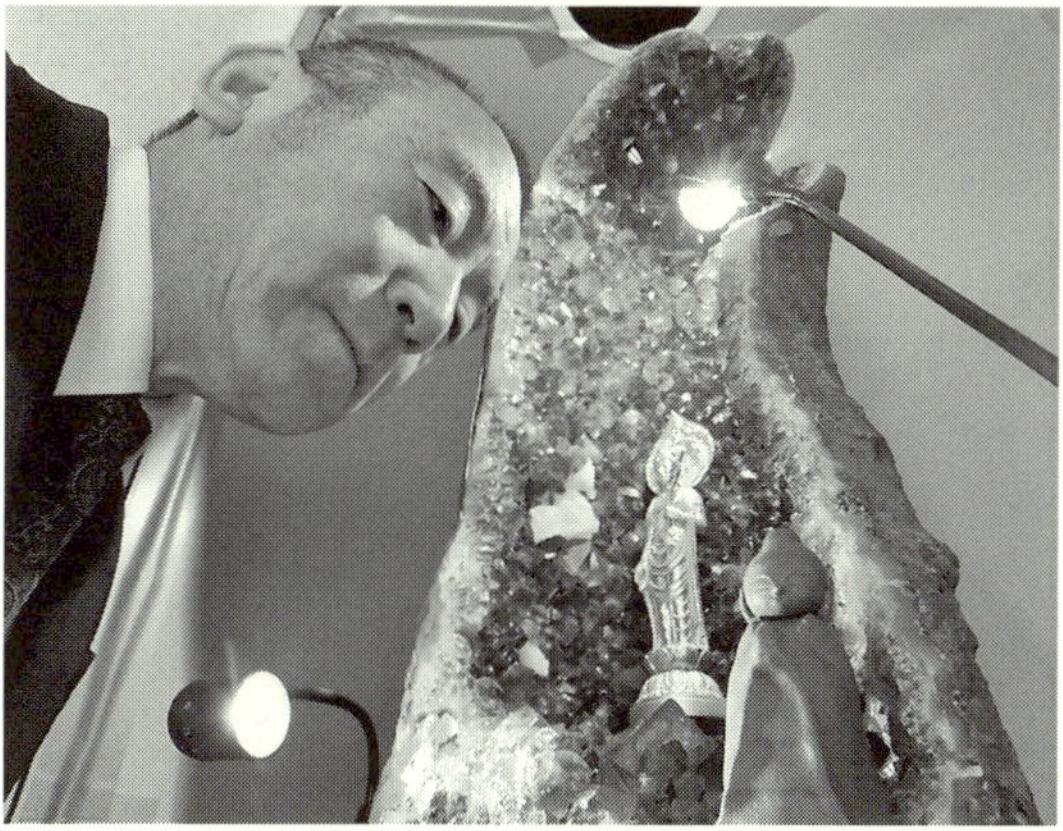
小川晶子さんが焼いた益子焼の地蔵を見つめる田中医師

望まない最期の姿が増えかねない。
　そんな時代の生そして死はどうあるべきか。
　診療所の廊下の傍らには、手のひらに乗るほどの小さな地蔵が飾られている。尊厳死を遂げた女性が生前に焼いた益子焼だった。「お礼に」と家族が診療所に贈った。「女性の心を忘れぬように置いている」と田中医師。「あの日」に思いをはせた。
　1992年10月9日。スズメバチに刺され心肺停止した同町の陶芸家小川晶子さん（当時53）が、診療所に運び込まれた。呼吸など生命の維持に不可欠な脳幹の機能が損なわれつつあった。人工呼吸器に頼ったが、田中医師は「救命不可能」と判断した。

晶子さんは、延命治療を拒否する「尊厳死の宣言書」に署名していた。不慮の事故から1週間たった16日夜、同診療所の手術室。麻酔科医が人工呼吸器のスイッチを切った。当時25歳だった長男拓さん(44)は母の口につながった管を人工呼吸器から、そっと外した。

延命中止の直前、拓さんは母の手を握った。大好きな母のぬくもりを感じた。「母の意志、死に自らけじめをつける」と決断した。

臓器移植を前提にした場合に限り「脳死は人の死」と定めた臓器移植法さえなかった時代。晶子さんの尊厳死は連日報道された。「脳死判定が不十分」として、田中医師は市民グループから殺人罪で告発され、取り調べも受けた。

晶子さんの死から約10年後。処分保留だった田中医師の不起訴が確定した。臓器移植法は施行されていた。担当検事は「脳死状態だった」と告げた。

その後も患者の尊厳死をめぐって、医師の罪が問われる事件が後を絶たない。２００７年、厚生労働省は「患者本人の意思による決定が基本」とする終末期医療のガイドラインをまとめた。

尊厳死が身近な選択肢となりつつある。

母の死から15年も過ぎて明文化されたガイドライン。「身近な人の死に直面し迷う人にとって、優しい世の中になったということですね」。拓さんは穏やかな口調ながら、言い切った。

「でも本来は自ら考えるべきだ。人が生きたり死んだり、その人のなすことはきっと昔から法やマニュアルで縛れない」

田中医師は今、自らが運営する老人保健施設に入所する本人と家族に尋ねる。「延命治療を望みますか」

「尊厳ある死をどう迎えるか、一人一人の決定を尊重するしかない。科学では決められない」

尊厳死を見つめ続ける田中医師の言葉は、報道陣に質問攻めにされた「あの日」と変わらない。

3　貫いた「自分らしさ」

最期まで一切の延命治療を拒否した。

11年7月13日。一人の男性が下野市の自治医大付属病院で45年の生涯を終えた。茨城県筑西市の萩原精《あきら》さん。神経難病の筋萎縮性側索硬化症《きんいしゅくせいそくさくこうかしょう》（ALS）だった。

「お願いだから、入院して」。亡くなる2日前、一人暮らしの自宅。訪問看護師が萩原さんの異変に気づき、懇願した。ベッドの上でぐったりし、呼吸のたびに肩が上下に大きく揺れていた。血液中の酸素濃度は正常値を大きく下回った。発するのがやっとのかすれた声で、「入院はいやだ」と繰り返した。

ようやく説得を受け入れ、救急車に乗せられると、間もなく意識がなくなった。同病院に搬送後、再び目を覚ますことはなかった。

両親と姉に次々先立たれた萩原さん。担当したケアマネジャー清野公子さん(54)は慮《おもんぱか》った。

「自分の生と死を、見つめ続けていたのでしょう」

長寿化が進み、多くの人がこれまでより長く、老いや虚弱と向き合わなければならない。どれだけの人が、自らの意志を貫きながら尊厳を保ち、最期を迎えられるだろうか。

清野さんやヘルパーらが、約2年間の萩原さんの一人暮らしを支えた。

萩原さんの父親はＡＬＳ、母親はがんで亡くなった。姉もＡＬＳで7年前、逝った。

姉の末期の姿が頭に焼き付いた。気管切開で人工呼吸器をつけた。体から伸びる数本の管。苦しみの表情を浮かべながら亡くなった。

萩原さん自身も09年春、ＡＬＳの診断を受けた。「おれは姉のような最期は嫌だ。病気とうまく付き合いながら、穏やかに暮らしたい」。3カ月の入院後、家族が残した2階建ての自宅に戻った。

「あるがままでいい」。呼吸障害があるため、医師から何度も、酸素吸入器を勧められたが、拒んだ。薬も飲まず、栄養をとる点滴さえしなかった。

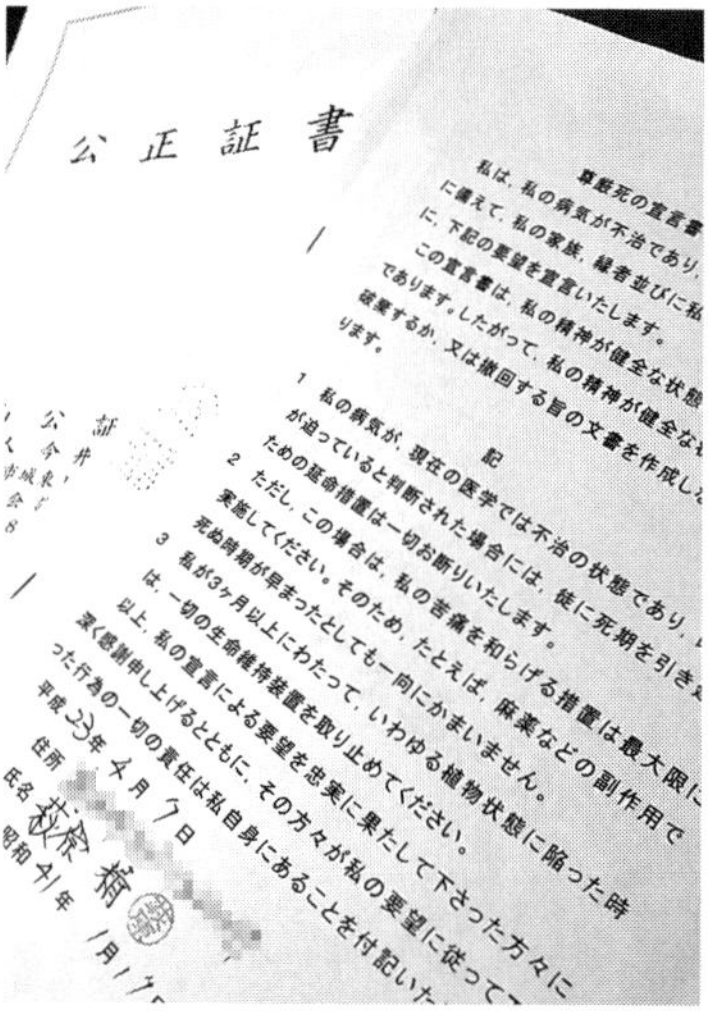
公正証書

尊厳死の宣言書

私は、私の病気が不治であり、

に備えて、私の家族、縁者並びに私

に、下記の要望を宣言いたします。

この宣言書は、私の精神が健全な状態

であります。したがって、私の精神が健全な

破棄するか、又は撤回する旨の文書を作成し

ります。

記

1 私の病気が、現在の医学では不治の状態であり、

が迫っていると判断された場合には、徒に死期を引き

ための延命措置は一切お断りいたします。

2 ただし、この場合は、私の苦痛を和らげる措置は最大限に

実施してください。そのため、たとえば、麻薬などの副作用で

死ぬ時期が早まったとしても一向にかまいません。

3 私が3ヶ月以上にわたって、いわゆる植物状態に陥った時

は、一切の生命維持装置を取り止めてください。

以上、私の宣言による要望を忠実に果たして下さった方々に

深く感謝申し上げるとともに、その方々が私の要望に従って

った行為の一切の責任は私自身にあることを付記いた

平成23年4月7日

住所

氏名

昭和41年

「いたずらな延命措置はお断りします」。萩原さんは「尊厳死の宣言書」に署名した

延命治療を拒む「尊厳死の宣言書」を、公正証書で残した。

病状は進み、徐々に体が動かなくなっていく。それでも、自分の生き方を通した。衣類やタオルなどの必需品を、手の届くベッドの枕元に整理整頓した。お金の管理も1円単位までこなした。清野さんやヘルパー

がポータブルトイレを勧めても、壁をつたい、やせ細った足でよろけながらトイレへと歩いた。

食が細り体重は20キロ減った。でも、口から食べることをあきらめなかった。大好きな天ぷらやいなりずしを前に、「お母さんの味がする」と、顔をほころばせた。

11年6月、主治医から「余命2カ月」と告げられた。「死ぬのが怖い」。初めて周囲に漏らした。ほとんど寝たきりになり、オムツを使わざるを得なくなったが、交換はヘルパーに任せなかった。

7月10日、亡くなる3日前の夕食。ヘルパーが作ったのは、萩原さんが「食べたい」とリクエストした、ナスの天ぷらとマグロの刺し身。やせた手で箸をとり、少しだけ口に運び、かみしめた。

家庭の事情などで施設で過ごす高齢者を数多く見ている清野さん。「最期まで自らの意志を貫く難しさと尊さを、萩原さんは教えてくれました」

4 「直葬は嫌だ」

11年11月中旬、佐野市の佐野斎場。日が傾きかける中、県東部の老人ホームで亡くなった男性(73)が荼毘に付された。

親族の姿はない。最後まで立ち会ったのは群馬県館林市のNPO法人「三松会《さんしょうかい》」の柴崎春男さん(58)1人。三松会は、身寄りのない人たちの葬儀を遺族になり代わり執り行っている。

「直葬」――。

亡くなった場所から遺体を直接火葬場に搬送し、葬儀も営まず火葬だけ行う形をこう呼ぶ。栃木県の葬儀業者の一人は「100件のうち5、6件も直葬。ここ数年で目立ってきた」と指摘する。

三松会が手掛けた葬儀は発足17年ほどで約2200件となり、右肩上がりで増えている。11年は250件に迫る勢い。自前の墓に入らず、三松会が管理、供養する共同墓地「みんなのお墓」に埋葬された遺骨は1500柱を超えた。

三松会にすがる理由はさまざまだ。親族がいても、遠方に住み高齢のため葬儀ができない。経済的な理由などで家族が遺体の受け取りを拒否する…。

三松会が引き受けなければ、多くの遺体は自治体などによって直葬され、無縁墓地に埋葬されざるを得ない。

佐野斎場の火葬炉前でお経を読んだ僧侶高野真史《しんし》さん(48)が愁えた。「昔から『骨を拾う』という言葉がある。そういう人がいないのは寂しい」

収骨まで携わった柴崎さん。「男性にどんな事情があったか分からない。でもこれが現実」。骨つぼを車の助手席にシートベルトでしっかり固定した。「2人でお寺までドライブです」

「どんな人でも供養して見送りたい。直葬は嫌だ」。三松会は館林市にある源清寺副住職の塚田一晃《いっこう》さん(45)が1995年に立ち上げた。式場も構えスタッフが参列し葬儀をする。

お布施を用意できず寺から葬儀を断られたり、コインロッカーに骨つぼが放置される。死をめぐる現実に胸を痛め手探りで始めた。

核家族化や晩婚化、少子化…。塚田さんは今の社会に思いをはせ、しんみりと言った。

「直葬は血縁、地縁など人間関係が薄まった象徴だと思う」

三松会の「みんなのお墓」。二つ並んだ大きな墓石には「夜空に輝く星のように」「大空翔く鳳凰のように」と記されている。見学に訪れた民生委員に説明する塚田一晃さん(右)

11年11月中旬、県央に住む70代半ばの夫婦が電車を乗り継いで三松会を訪れた。

「後見人事業」にも取り組む三松会。成年後見制度に基づき、自ら判断することが難しくなった人の後ろ盾となり孤独な最期を防ぐ。

「年だし体も弱った。子どもがいないんだよ」と夫が切り出した。やっとの思いで手に入れた自宅もある。自分たちが亡くなった後、どうなるか気掛かりだ。兄弟とは死別、親類はいても、「頼ることはできない」という。

「病院や施設に入る時、身元引受人になってもらえますか?」。心配顔で尋ねる老夫婦に、塚田さんはうなずいた。

三松会の後見人契約は現在、約３００人。契約者が手術を受ける際の同意、人工呼吸器をつけるかどうかの判断さえ、病院から求められる。

遺体の引き受け依頼や後見人相談は栃木県や群馬のほか、埼玉、東京などの行政機関や福祉施設から日々、舞い込む。三松会の電話は鳴りやまない。

5　歳月重ねるニュータウン

11年12月初め、朝６時半のＪＲ野木駅。コートに身を包んだサラリーマンが白い息を吐く。数分おきに到着する上り電車に人の群れが吸い込まれ、また新たな群れがで

身を寄せ合うように電車を待つサラリーマンたち。この光景は15 年後も見られるのだろうか

きていく。

通勤時間帯にだけ見られる光景。駅員は「ベッドタウンならではですね」。朝晩のラッシュ時に限り、改札口に２人の駅員が立ち乗客の安全確保に努める。

歳月を重ねた15年後のまち。この光景は一変するかもしれない。

大きな新興住宅地を複数抱える野木町。町ホームページは、沿革に「ベッドタウンの色彩が見られる」と記す。上野駅まで普通電車で70分ほど。住民の多くがマイホームを手に入れ、首都圏へ通勤する。バブルに向かう１９８０年代から移り住んだ「野木都民」の大半は50～60代になった。

２０２５年―。町民に占める65歳以上の割合の推計は37・１％。10年より16・２ポイント増え、県内最大の上昇幅となる。野木都民の「団塊」が押し上げ、高齢者は一気に増えていく。

急激な高齢化は、核家族が多く人間関係が希薄な都市部でこそ深刻だ。宇都宮市中心部でも、65歳以上の高齢化率が50％を超える「限界集落」が現れている。

「生きる自信がない」。Ａ４判の紙に弱々しいボールペンの筆跡が続く。

約４千人が暮らす町最大の住宅地ローズタウン。11年４月、タウンの一角にある新橋区で一人暮らしをする72歳の女性が書いた。舌がんで声を失っていた。

筆談は女性宅を訪れた小池章三区長(72)に思いを伝えるためだ。ＪＲ宇都宮線沿いにたたずむ自宅玄関先。女性は病の苦悩、心細さを切々と訴えた。

町が「見守り事業」を始めて1年半がたった。

子どもが独立し、高齢者だけで暮らす世帯も少なくない。見守り事業は、住民の中の協力者が、定期的に登録した高齢者の安否を確認する。小池区長は、女性と60代の独居男性の2人を担当している。

11年12月13日、小池区長は検査入院から3週間ぶりに帰宅した女性を訪ねた。玄関の床に膝をつき、バインダーに挟んだ紙にペンを走らせる女性。発熱で入院が長引いたことを知らせた。「大丈夫。元気になったね」と声を掛けられると、女性は筆談を続けた。「小池区長がいてくださるので安心です」

町が見守り事業に取り組み始めた10年4月、新年度に代替わりした区内の自治会長12人が集まった。

「すぐにやる必要性があるんですか」。1人が疑問を投げ掛けた。議題が見守り事業に移った時だ。「今やらないで、5年後、10年後はどうなるのか」と小池区長。昔に比べ、今の50～60代は心身ともに若い。「自分が元気だから、実感がわかないのでしょうね」

「孤独死と空き家ばかりのまち」。小池区長がイメージする最悪の未来図だ。住民同士のつながりを生み出そうと、祭りや老人クラブの活動にも力を入れる。それでも、顔が見えない住民がいる。「支え合えることで安心感が生まれれば、若い世代も住みついてくれるはずだ」。描こうとしているのは幸せの未来図だ。

6　高齢独居支える在宅ケア

2階の寝室から急な階段を下りようとして、転落したらしい。11年9月27日朝、宇都宮市宝木町の市営住宅。中村弘さん(88)は頭を強く打ち、階下に倒れた。一人暮らし。こんな時頼れる人はいない。もうろうとした意識の中で力を振り絞り、自ら119番した。

病院の集中治療室に運び込まれた。「外傷性くも膜下出血」と診断された。手術で頭の中にたまった血を抜き、7針縫った。

後片付けに訪れた訪問介護センターのスタッフはがくぜんとした。出血が水たまりのように広がっていた。

これまでに危機的な状況を経験した。08年冬、ベッドとふすまにできた30センチほどの隙間に挟まり身動きがとれなくなり、半日後、低体温症の状態で発見された。10年夏には熱中症で倒れた。

生活に軽度の手助けが必要な「要介護度2」と認定されている。足腰の力は弱まり、1人で外出することは難しい。白内障も患う。

茨城県で鉄パイプ製造に携わった。早くに、妻に先立たれ、子どもはいない。知人の勧めで宇都宮に移り住んだ。

2025年、65歳以上の高齢者が世帯主となる家庭のうち、一人暮らしは3割以上を占める。高齢者独居は今よりもありふれたかたちになる。

何も覚えていなかった。

「こんなところに連れて来るなんて無責任だよ」。くも膜下出血で入院した病室。中村さんは見舞いに訪れた担当のケアマネジャー中條民子さん(61)を、大声で怒鳴った。いつもの柔和な表情とはかけ離れた形相だ。

家事の援助で中村さん宅を訪れるヘルパー。一人暮らしの空間に、人のぬくもりが生まれる

「大けがをしたんだよ。救急車で運ばれたんだよ」と必死になだめた。ことあるごとに「一人暮らしは自由だからいい」と口にする中村さん。怒鳴る姿に自宅への思いがにじんだという。

転落事故後、中條さんは介護計画を見直し、週3回だったヘルパー訪問を週7回に増やした。買い物や家事の援助だけでなく、見守りも兼ねるためだ。寝室も1階に移した。

定期的に近所の医師が訪問診療し、訪問薬剤師から服薬の指導も受ける。医療、介護費用は年金などで賄う。医療を柱にした在宅ケアが中村さんを支えている。

中條さんは思う。「きっと家族がいれば、中村さんも自宅で暮らし続けることに気兼ねしてしまう。一人だからこそ貫けるのかもしれません」

11年12月15日朝7時半、日の光が差し込む6畳間。中村さんは、お気に入りの小さな白あんぱんをほおばり、ゆっくりと味わった。毎朝、二つ食べるのが日課だ。マグカップに、インスタントコーヒーの粉末を大さじ2杯。砂糖は3杯だ。湯を注ぐと、香ばしい香りが立った。目尻にくしゃっとしわをよせた笑みが浮かぶ。たばこに火を付け、食後の一服。ゆっくりと煙を吐き出してからつぶやいた。

「年が明けたら目の手術を受けたいな」。もう半年も散歩に出ていない。白内障で低下した視力が回復した時の半年ぶりの外出。ささやかな望みを抱いている。

7 さまよう「介護難民」

フロアに流れる懐かしい曲。84歳になる車いすの女性はゆっくりした口調で言った。

「これからかかるよ、あれが、えーと、坂本九。ほらね」。鼻から管で酸素を取り入れている。「上を向いて歩こう」に耳を傾けた。

11年12月16日午後、岩舟町の特別養護老人ホーム（特養）「かがやき」。80代、90代の女性4人がテーブルを囲み、穏やかな時を過ごしていた。

高齢者80人が暮らし、誰かが退所すると、すぐに新たな人が入る。いつも定員いっぱいだ。入所待ちは100人を超えている。

「急に退院を促された。家では付きっきりの介護ができないんです」。施設を運営する松永安優美《あゆみ》医師(56)の元には、入所を待ちかねる高齢者家族からの悲鳴が絶えない。

国は医療費を抑制するため、在院日数を短縮し、治療後の長期療養を支える「介護療養病床」の削減を進める。退院を余儀なくされる高齢者。自宅で十分な介護を受けられず、施設も満床。居場所のない「難民」が増える要因とされる。

かがやきの榎本光紀医師(36)は「かつてなら病院で亡くなった人が今は特養にいる」

と実感している。

腸閉塞の恐れがある男性。90歳を超える男性は水分を補給する点滴を受けている。その腹部に聴診器をあてる。「食事がとれなくなってから、おなかが張らなくなったね」

家族と施設が相談して特養での看取りを決めた。一気に容体が悪化しかねず、まめな診察は欠かせない。

心臓や脳、肺などさまざまな病気を抱える入所者が増え、施設側は手厚いケアが求められている。歯科医、整形外科医らの診察を定期的に入れる。11月からは回診する医師を週3日から5日に増やした。

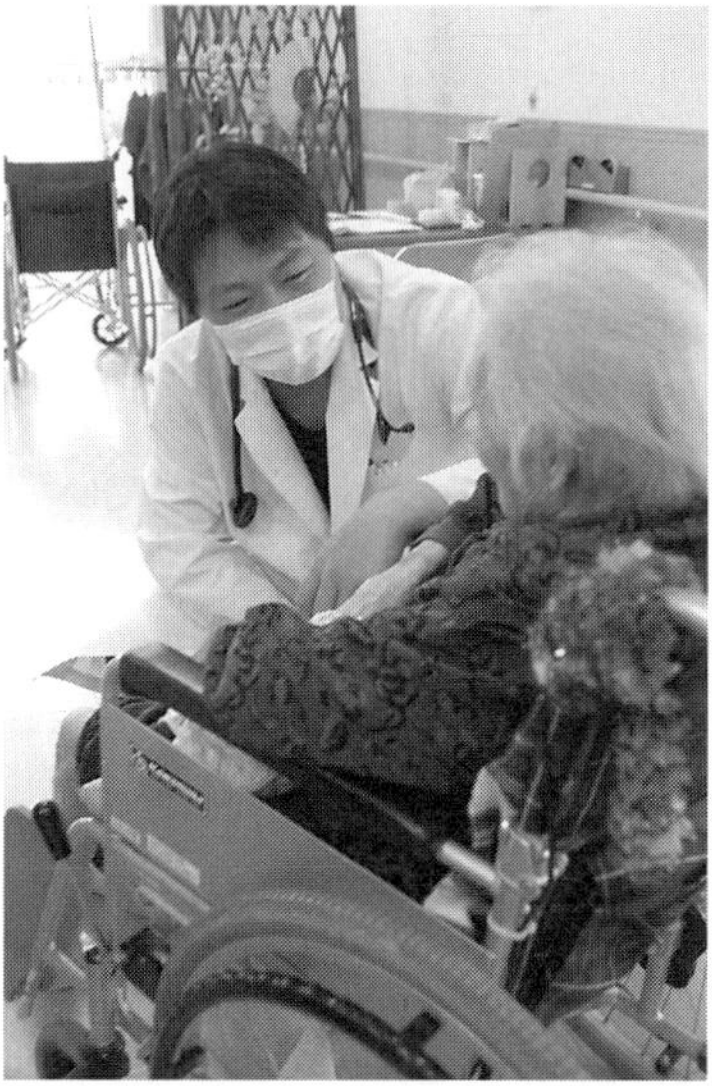

入所者はさまざまな疾患を抱え、特養「かがやき」での医療の必要性は増すばかりだ

「病院化」する施設。介護療養病床、特養と並び、介護保険サービスの柱となる老人保健施設（老健）も、療養病床削減の余波を受ける。

同町の老健「安純の里」の森田典尚《のりひさ》事務長(40)は「昨年、自宅に帰れたのは4人」と打ち明ける。

老健はリハビリを通じた在宅復帰支援が目的の施設だが、「10年1年間で約20人を看取った。ほとんどが老衰です」。認知症の人が増え、入所も長引く。入所者の平均年齢は10年前から4歳近く上がり、86歳を超えた。11年も、11月までに9人が亡くなった。

国も現状を追認し09年、介護報酬で老健に「看取り加算」を認めた。本来の定義は崩れ、特養、老健の境目も薄れつつある。

松永医師には、消せない記憶がある。

医師になってまもない約30年前。往診先で目にした光景だ。柱に縛られ、虐げられる認知症高齢者にがくぜんとした。「どうにかしたい」。六つの施設を次々立ち上げ、行き先に困る人たちを広く受け入れてきた。

しかし、高齢化のスピードに現状は追いつかない。特養の満床によって短期入所で介護をつなぐうち、亡くなる人すら出ている。一方で受け皿と期待される在宅医療の体制はまだ整っていない。

「(その人たちのケアは) 最前線の私たちにゆだねられたまま」。松永医師は危機感をにじませる。

8 生と死を直視して

「誰も死からは逃げられない。ピンピンコロリ。そんな風に苦しまずに死ねたらいい。みなさん、どうですか」。宇都宮市滝谷町、公務員増渕完司さん(60)は集まった12人に問い掛けた。

11年10月15日、栃木県がんセンター会議室。県内のがん患者や家族でつくる「たんぽぽの会」の例会だ。

たんぽぽの会例会。増渕完司さんは折にふれて、「命について考える」をテーマに話し合うつもりだ

増渕さんは、会のまとめ役。テーマを「命について考える」と決めた。自身は48歳の時、左膝に骨肉腫が見つかり5年後に左足を大腿部から切断した。発症から約13年。職場復帰した今も転移の恐怖が消えない。

「がん」という現実を突きつけられ、死そして生を直視した人たち。目を背けがちな話題でも、率直に意見が交わされる。

「私は身内で3通りの生き方と死に方を見てきた」。同市江曽島本町のパート、国分静子さん(60)は、「ピンピンコロリ」の問いに応じた。

自転車で転倒し49歳で急逝した三つ違いの兄。

「突然の死は感情的にも生活の面でも家族が大変な思いをする」

80歳だった父親は約10年前、胃がんで亡くなった。「主治医に余命1年と告げられた時、冷たいようだが、1年だけなら私も頑張れると思った」。日中は仕事としてヘルパーを続けながら、週5日は病院に泊まり込んで介護した。

その後、国分さん自身も乳がんを経験した。89歳になった母親には今、認知症がある。デイサービスを使いながら、亡くなった兄の妻が主に介護し、週末の1日は国分さんが寄り添う。

「介護は闘いです」。認知症の介護は多くの病と違い「終わり」は見いだしにくい。「介護は施設に任せ、残る部分を家族がする。そのくらいの気持ちでないと立ち行かない…」

長寿化ゆえに増えるがんや認知症。本人や家族の苦悩が浮かび上がる。

核家族化などで希薄化する人間関係にも話は及ぶ。

「これから家族に面倒をみてもらうことも期待しにくい時代になっていくだろうな」。

妻ががんを経験し１９８９年の会発足から活動に携わる宇都宮市東峰町の床井和正さん(70)が問題提起した。

他の出席者から「世話になるのは家族とは限らない」「介護保険もある。社会資源を活用すればいい」などとの指摘が上がる。

２０２５年、栃木県の65歳以上の高齢者は約58万人、人口の３割を超えると推計され、病院などのベッド不足が懸念されている。

増渕さんは遠くない未来の断面に危機感を覚え、静かに口を開いた。「病院や施設の受け入れ人数はそんなには増えない。私たちも今のままでは済まされない」

「命について考える」。それは、私たち一人一人が超高齢社会をどう生き抜くかを考えることでもある。

46歳の時から3回もがんを患い克服した同市桜5丁目の加藤玲子さん(70)は、闘病のつらい経験をおくびにも出さず朗らかに言った。「命のこと、時折こんなふうに話をするのはいいわね」

わが家で

高齢者が急増する一方、社会保障費抑制などで病院や施設の収容人数不足が避けられない超高齢社会。住み慣れたわが家で過ごす人は増える。それには医療と介護が一体的に届く在宅ケアの充実、浸透が欠かせない。病状急変や介護の不安は根強いが、病院では得がたい、その人らしい時間を持てた人や家族、支える医療・介護者の姿などに迫る。

1 家族、訪問医に寄り添われ

だんだんにしわが増えていく。それを本人も家族も心から喜んだ。

病院の点滴などで全身がパンパンにむくんだ。心不全を起こしかねない状態だった。

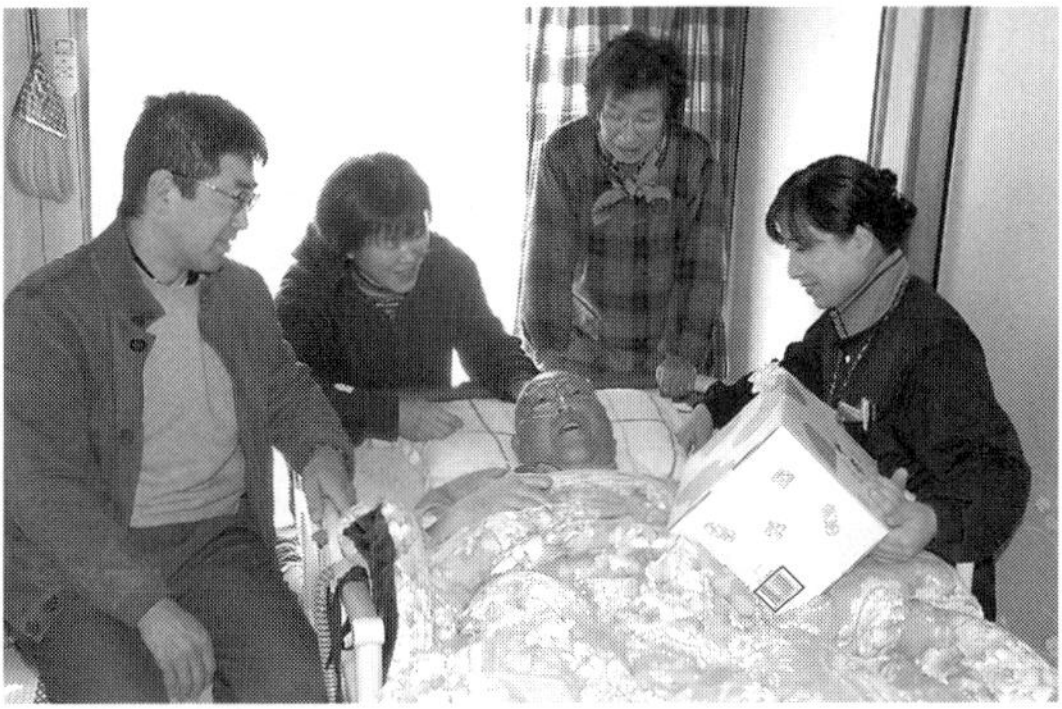

藤倉政男さんを囲み喜寿を祝った。(左から)渡辺邦彦医師、政男さんの娘小谷好子さん、妻タイさん、看護師の片見明美さん

退院から1週間過ぎた2012年1月3日。77歳の誕生日を迎えた藤倉政男さんのむくみは目に見えて引いていた。

自宅は鹿沼市上永野。東北自動車道栃木インターから約23キロ。山里のわが家に昼下がりの日差しが差し込む。「おめでとう、じいちゃん」。ベッドわきの妻タイさん(78)、娘小谷好子さん(54)に祝福され、喜寿を迎えた。政男さんは少し照れくさそうにほほ笑んだ。

記念撮影。「めがねを掛ける」。在宅用医療機器で鼻から酸素を取り入れている政男さんはかすれ気味の声で言い出した。「元気そうに見えるからな。プロ野球の野村克也監督に似てるって言われるんだよ」と場の雰囲気を和ませた。

プレゼントに届いた好物のせんべいの箱。「どんなのが入ってるんだろう」とうれしそうに手に取った。

「年を越せないかもしれない」。一時は胸を痛めたタイさんと好子さんが目を細めて政男さんを見守った。


72歳の時、前立腺がんが見つかった。手術を受けたが1年後に再発。放射線治療も思うような効果が表れず、11年12月に県南の病院で抗がん剤治療を受けた。

容体が急変した。血圧や血液中の酸素濃度が下がり、高熱が出た。処置をしても一向に改善しない。

好子さんが群馬県の職場から駆け付けると、体にいくつものチューブがつながれていた。担当医に「延命治療をするかどうか考えなければならない」と告げられ、親戚が集められた。

何とか持ち直したが、抗がん剤治療は中止された。当面の治療法は見当たらない。病院から「お正月はお家で過ごしたいでしょう。帰るにはいい機会」と促された。紹介されたのは在宅ホスピスとちの木（栃木市箱森町）の渡辺邦彦医師(52)。状態の厳しいがん患者を診る在宅医だ。

「進行がん患者への点滴はむくみにつながります」。自宅に戻った直後、渡辺医師は政男さんのベッド脇で丁寧に説明し始めた。

「検査データを見て、正常値と比べて足りないものを補おうとする。それが現在の医学教育に沿った医療。治すことに偏った結果です」。かつて脳外科の勤務医だった渡辺医師は、自戒を込め言った。「過ぎた栄養や水分は患者の負担になる。生きていくのに、そんなに多くはいらない」。長年、がん研究を続け、緩和医療に携わっての経験則だ。

「今の状態なら、ほしいと思ったものを食べたり飲んだりするだけでいいですよ」と伝えた。

病院では食欲がなく「食べ物をもってくるな」と声を荒らげた政男さん。体からむくみが取れると楽になり、少しずつ食事を味わえるようになった。それまでおかゆ中心だったが、退院して3週間後の夜、タイさんお手製の煮込みうどんを「うまい」と平らげた。

「よーく、しゃべるようになって、うるさいくらいだよ。いつものじいちゃんだな」。タイさんは、ちょっぴり甲高い声で笑った。

病院から在宅へ　募る不安

前立腺がんの自宅療養で少しずつ落ち着きを取り戻した政男さん。県南の病院を退院した直後、家族は不安にさいなまれていた。

自宅に戻った11年12月28日の深夜。タイさんと好子さんはまんじりともせず、政男さんのベッドに寄り添った。群馬県に嫁いだ好子さんは、介護のため里帰りした。

息苦しさを訴える政男さん。四方を山に囲まれた静かな自宅に「はー、はー」という呼吸が響く。「寒い」とも繰り返した。がんの症状だ。

「何もしてやれない」。タイさんらを襲った無力感。政男さんは「帰ってきて失敗した」と漏らした。

病院で抗がん剤投与中に容体が急変し治療を止めた。好子さんは、病院から「当面施す治療がない。容体がある程度安定したら置いておけない」と告げられた。病院は国の医療費抑制、在院日数短縮の流れに逆らえない。

「仕方がないのか」。好子さんは、そう思いながらも「家族で全て世話できるの?」との思いがぬぐえなかった。政男さんは「家に帰りたいが、今は無理だ」と思ってしまう。タイさんは「もう少し、ここにいさせて」と頼み込んだが、何人もの看護師に説得され、泣く泣く病院を離れた。

退院した夜、タイさんは一睡もせず朝を迎えた。

「こんにちはー」。渡辺医師が訪れた。

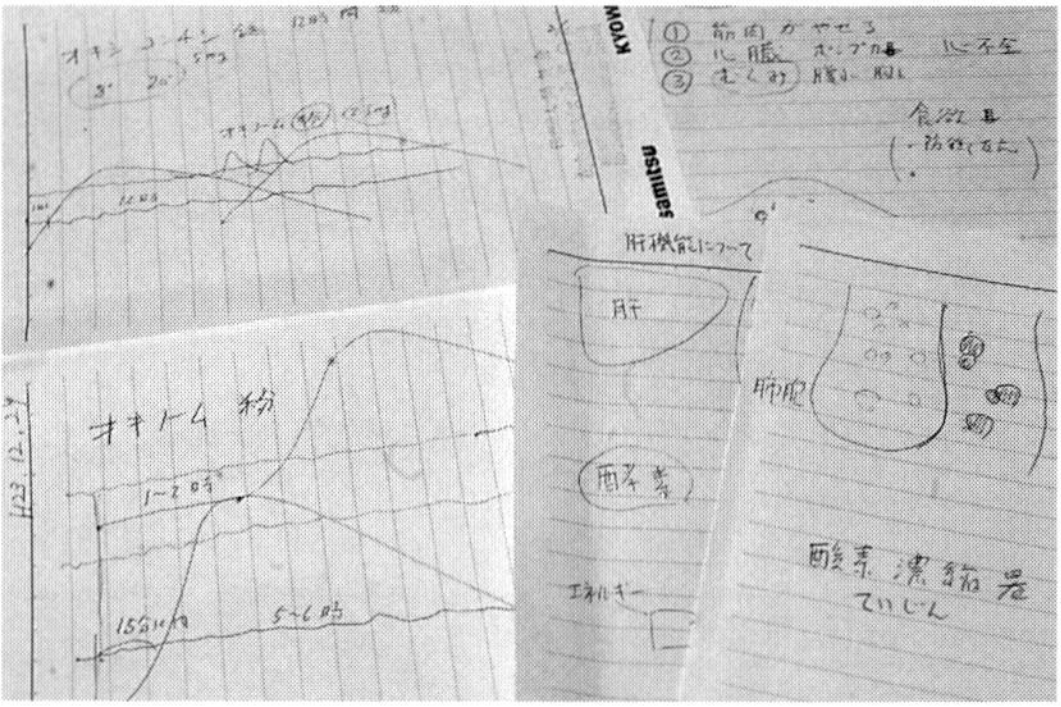

渡辺医師が藤倉政男さんの息苦しさを抑える薬について図解した手書きのメモ。病状の説明などもあり、診療のたびにふえていく

「息苦しいのはどうですか」と聞かれ、「ちょっと苦しいですね」と政男さん。同行した看護師の片見明美さん(41)がホチキスに似た小さな機器で手際よく政男さんの指先をはさみ、血液中の酸素濃度を計測する。「77です」。90を下回ると呼吸不全の恐れをきたす。

「酸素の吸入方法を変えましょう」。在宅用吸入器は前日の初診後すぐに用意された。導入を指示した渡辺医師は吸入器から延びたチューブの先を、口に当てるマスクから、鼻に直接入れるタイプに付け直した。すぐに酸素濃度は「94」に上がった。

息苦しさの原因となる胸水も持ち運びできる小

型の超音波検査器でチェックした。

渡辺医師は、病状などをかみくだいて話す。息苦しさを抑える薬の特性をメモ用紙に図解して説明する。「いずれ自分で排せつをしたい」という政男さんの思いを知った渡辺医師は、ポータブルトイレを持ち込んだ。

症状などへの迅速な対応と丁寧な説明—。「先生の視線は病気だけではなく、患う人間やその家族にまで向けられている」。好子さんはそう感じた。

「困ったら連絡くださいね。土日でも祝日でも夜中でもいつでも」。片見さんは、渡辺医師と自分の携帯電話の番号を伝えた。在宅ホスピスの強みは24時間体制の対応だ。

「明日もまた来ますからね」。渡辺医師は政男さんの手を握り、ほほ笑みかけた。家族3人、在宅療養をめぐってあれほど募った不安が和らいでいた。

仕事か介護か　苦悩越え

中国の伝統楽器・二胡のやわらかな音色がエントランスホールに響く。12年1月13日夜、群馬県立館林美術館。「これで一区切りついた」。事務方として、ニューイヤーコンサートの準備に奔走した同美術館友の会スタッフ小谷好子さんは深い感慨を覚えた。

週3～4日出勤し、事務全般に携わってきた仕事を1月末で辞める。鹿沼市の実家では、父政男さんが前立腺がんで療養している。仕事の区切りがついたら「介護に専念する」と決めていた。

前年末、県南の病院から自宅に戻った政男さん。在宅ホスピスとちの木を紹介され、母親タイさんとともに医療面での不安は和らいだ。

だが食事や排せつの介護は、仕事がある以上、タイさんに頼らざるを得ない。

年明け。「好、帰っちゃうん？」。仕事に戻ることを気にしてか、政男さんから尋ねられた。小柄なタイさんが政男さんを持ち上げたりすることはできない。「ばあちゃん1人じゃ無理だよ」

仕事か介護か―。葛藤する日が続いた。

3人の息子が成人し、2年以上前から友の会に勤め始めた。力量を高めようと、パソコン教室に通い、仕事にやりがいも見いだした。「急に辞めたら職場の人に迷惑が掛かる。申し訳ない」との気持ちも消えない。

一方で両親への思いは募っていく。長年、鉄工所に勤めた政男さんは、ものづくりが好きで、自宅庭に丸太小屋を建て、畑のある裏山には歩道を整えてくれた。自宅周りの電気配線や水道配管も自分でこなした。地元自治会約70軒の区長も務め、地域からの信頼も厚かった。

約5年前、がんと分かってからも好子さんの手を借りず、暮らしを守ってきた両親。その2人から「家にいてほしい」と懇願された。

二つ違いの姉は30歳で亡くなり、他にきょうだいはいない。胸に刻んでいた誓いを

（左から）好子さん、タイさんと談笑する藤倉政男さん。車いすで過ごせるようになった

思い返した。「親の面倒は私がみる」

好子さんは出勤日以外、群馬県の自宅に夫(55)を残し、実家に泊まり込む。家事をしていると、タイさんが政男さんに寄り添うが、その逆もある。そんな役割分担が自然に生まれてきた。タイさんも「できない」と言っていた排せつなどの世話もし始めた。

政男さんは病気による息苦しさなどをコントロールし、「できること」が増えた。退院3週間後には自力で寝返りを打てた。車いすで居間に移動させ、親子3人でテレビを楽しんだ。

「今までと違うのは父親がベッドで寝ていること

とだけ」。そんな感覚になる。「自宅に戻ったからこそ状態が好転した」としみじみと思う。

政男さんの好物のせんべいを味わいながら、おしゃべりしたり時にはけんかしたり。好子さんは、何げない時間を過ごしながら、家族のありがたさをかみしめている。

2　夫婦の絆「絶食」克服

12年の元旦に家族が集まる計画は延期された。

近藤静重《せいじゅう》さん(86)は妻ヒデさん(85)と夫婦二人きりで穏やかな元旦を迎えた。「いい正月だな」。介護用ベッドの背を少し起こし、ゆったりした口調でつぶやいた。

小山市西黒田の自宅で末期の結腸がんで療養する静重さん。栃木市大宮町に住む長男重美さん(64)一家は、風邪をこじらせた。両親の家に通って介護していた妻千浪さん(61)も動けず、家族が集まる準備はままならなかった。

正午すぎ。静重さんを診る在宅ホスピスとちの木の渡辺邦彦医師が訪れた。ちょう

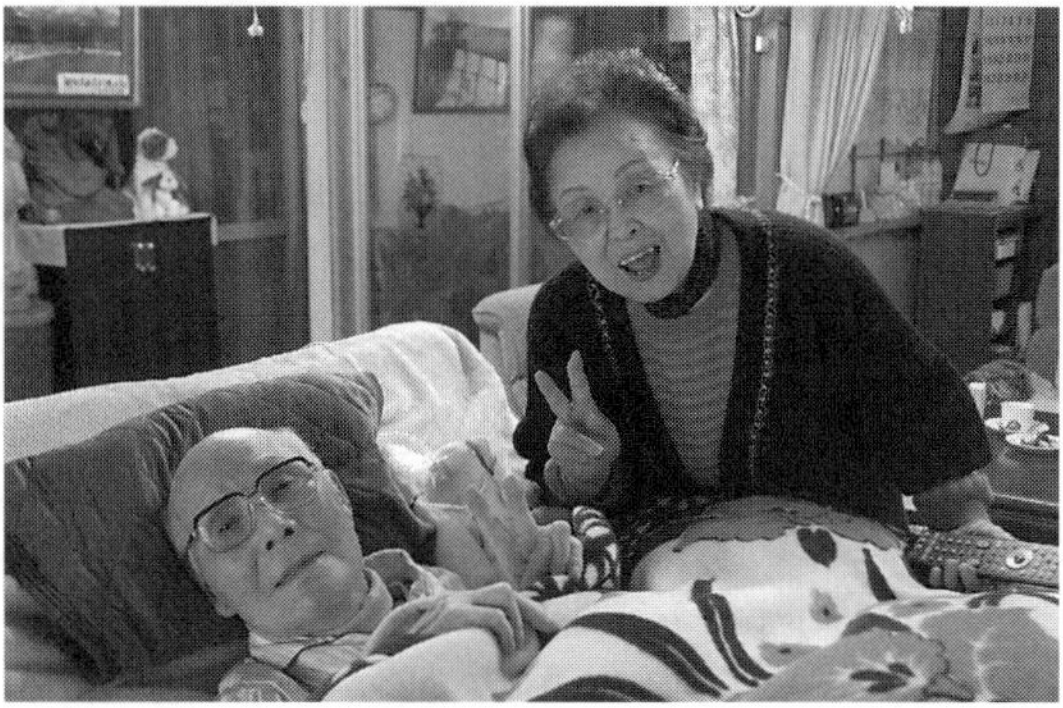
夫婦水入らずの元旦を過ごし、カメラを向けると明るい笑顔をみせた近藤静重さんとヒデさん

どそこへ、両親を気遣う千浪さんからの電話が鳴った。受話器を受け取った渡辺医師は「夫婦水入らず。いい感じですよ」

静重さんとヒデさんは写真に収まった。左手でVサインをつくった静重さん。「ご機嫌は最高」。やわらかな笑みを浮かべた。

病院の外来に通い、がんの経過をみていた静重さんは前年11月末、口から食べられなくなり入院。高齢でもあり、治療はできない。「家に帰りたい」。1週間後、本人の希望に沿って自宅療養を選んだ。

食べられないため、病院では栄養や水分を静脈から取り入れる管を右胸に付け、1日に1リットルも栄養と水分を入れていた。訪問診療を始めた渡辺医師は「進行がんの患者さんにたくさんはいらない」と1日50ccにした。

数日後の深夜、変化が起きる。「何かを食べさせてくれ。食べないと死んじゃう」と静重さんは就寝中のヒデさんに訴えた。おかゆをこしらえたヒデさん。その日から、食べ物を味わう喜びがよみがえった。それからヒデさんは毎日、「じいちゃんは何を食べられるだろう」と考え続けた。

12年1月3日。体調が戻った重美さん一家や娘が顔をそろえた。

「うまいね」。娘が持ってきたカニを満足げにほおばる静重さん。「イカ、タコ、カニ」。チラシの裏白部分にフェルトペンで書き「正月に用意してくれ」とヒデさんに頼んでいた。

お気に入りのアイスキャンディーも「固いのがいいね」と自分の歯でガリガリとかんだ。

退院後、こんなことがあった。

日中、リビングのベッドで過ごす静重さん。ヒデさんの就寝に合わせ、つえを突きながら、2人で寝室に移動していた。

「そんなに毎日動いたら大変だから」と、ヒデさんはポータブルベッドをリビングの静重さんの隣に運び込んだ。

この時の静重さんの表情を、千浪さんは忘れられない。妻を慈しむような、それでいて無邪気な子どもがほっとしたような笑み。「そんな自然な姿も在宅ならではですね」

「イカ、タコ、カニ」の走り書き。静重さんは脇に自らの名前を記し、寄り添うようにヒデさんの名前を並べた。

水入らずの元旦。静重さんは胸のうちを明かした。「いくらけんかしてもね。けんかをしても、けんかとは思えない。夫婦の絆」

愛着ある自宅は、2人が力を合わせ手造りしたものだった。

夫婦手づくりの自宅で

窓から見える庭。お気に入りの場所に植えたサツキが枝を伸ばす。結腸がんで療養している静重さん。自宅は、妻ヒデさんと2人で手塩にかけて造ったものだ。

この家で2人は水入らずの12年正月を迎えた。静重さんは高度経済成長期を住宅関係の営業マンとして勤め上げた。60代前半の時、「定年を待ちに待って」家造りを始めた。

愛車のセダンにヒデさんを乗せ、材料にする流木などを見つけるため、県北に足を運んだ。

大きめの流木は助手席の背を倒して積み込んだ。ヒデさんは「私は乗れなくて木にまたがって帰って来たのよ」と振り返る。

約900平方メートルの土地を持っていた。知り合いが家を建て替えると、使えそうなサッシなどを譲り受け、足りないものだけを買いそろえた。穴を掘ってコンクリートを流し込み柱を立てた。太い梁《はり》もジャッキやはしごを使って持ち上げ、２人で組み立てた。

仕事柄、多くの住宅を目にしてきた静重さん。「自分なりの理想のイメージがあったのかも」と長男重美さんは思う。

建て始めて数年後、台所やリビングなどが整うと、２人は重美さん一家と暮らしてきた栃木市大宮町の家から引っ越してきた。移ることをちょっぴりためらったヒデさんだが、根負けした。以来15年以上暮らしている。

東日本大震災にもびくともせず、静重さんは「柱を地面に打ち込んでいるから強い」と誇らしげだった。「ここまでできたら次はここまでやると。気力で」。増築を重ねて部屋数を7部屋までにした。庭に手を入れる作業は、病状が重くなる11年秋まで続いた。

11年12月初旬から自宅療養をしてきたが、体は少しずつ弱っていった。

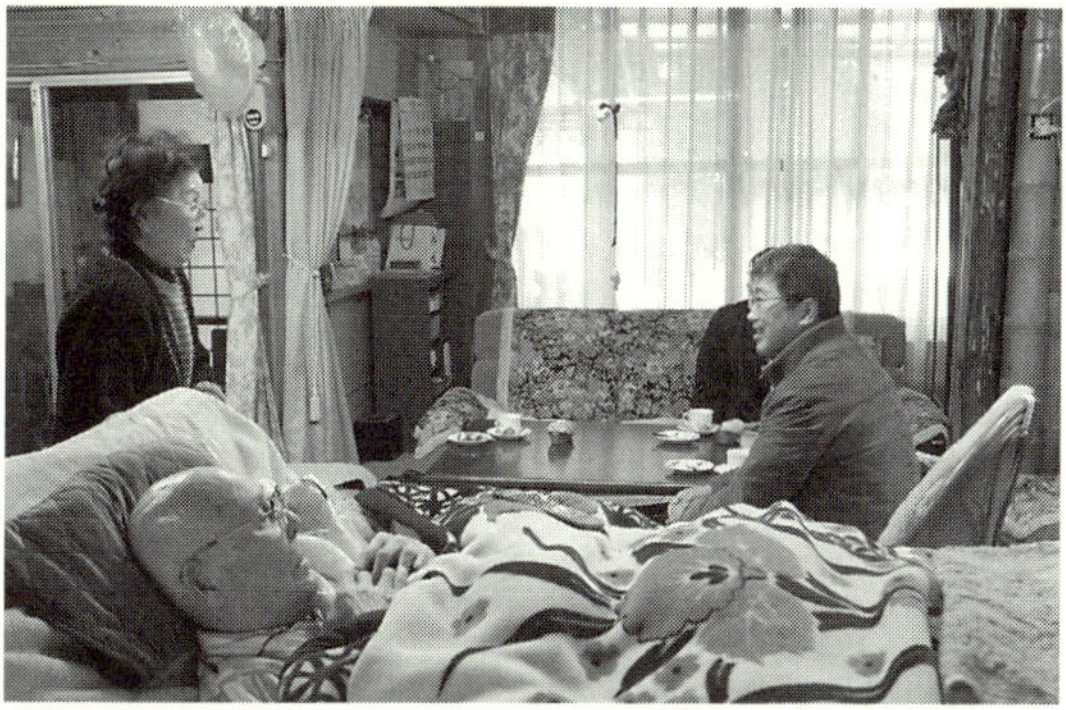

近藤静重さん（手前）の診療に訪れた渡辺邦彦医師（右）がヒデさんと談笑した

家族との正月を楽しんだ直後の7日。意識が混濁しけいれんを起こした。発熱もあった。その後2日間は呼吸が一時、不安定な状態になった。そのたび家族は「がんばれ」と必死に呼び掛け、状態は持ち直した。

在宅ホスピスとちの木の渡辺医師は毎日、日中に訪問診療した。渡辺医師や看護師は、容体の変化で不安になった家族をケアするため、深夜も駆け付けた。

「家族が慌てたら、静重さんも心配する。今の状態は病気の進行に沿ったものだから、そんなに頑張らせたらかわいそう」。渡辺医師は諭すように語り掛け、呼吸の不安定さなどの原因を丁寧に説明した。「亡くなる人の状態を家族が理解し受け止めれば落ち着いた最期を迎えられる」

13日朝、呼吸の回数が減っていった。ヒデさんが顔をのぞき込むと、静重さんは目をそっと開けた。ヒデさんが「じいちゃん、みんないるよ」と呼び掛けると再び目を閉じた。周囲に呼吸が止まったのが分からないほど穏やかな最期だった。

家族はベッドを囲み静かに見守った。

横たわる静重さんは、顔を少し右に傾けていた。窓の外では、丹精込めたサツキが朝の日差しを浴びていた。

緩和ケアを支える感性

「もうすぐ呼吸が止まります」。穏やかだが、毅然とした口調だった。

11年12月29日。訪問診療先への車中。在宅ホスピスとちの木の看護師片見明美さんが携帯電話で伝えた。

3年間、県介護研修センターに勤務し口腔ケアや排せつ、人の自然な体の動かし方など頭から足の先までの看護・介護技術を学んだ片見さん。婦人科や緩和ケア病棟にも在籍したことがあり、実務経験も豊富だ。

「今はね、最後に声を掛ける時間。感謝の言葉を言ってあげてください。まだ聞こえますからね」

電話の相手は矢板市安沢の伊藤美枝子さん(58)。母親孝子さん(81)は12月上旬から、食道がんで自宅療養していた。呼吸が1分間で1、2回に減り、孝子さんは少し苦しげな表情だ。「がんばって」。美枝子さんは家族とともに、必死に呼び掛ける。

片見さんの言葉を聞き、我に返った。「自分たちの気持ちばかりを優先していた。私たちが取り乱していたら、母は心配する」

涙をこらえ、孝子さんの顔を見つめた。「今までありがとう。家族は力を合わせて頑張っていくね」

まもなく、孝子さんの呼吸は静かに止まった。

美枝子さんと手塚文子さん(56)、池澤真知子さん(55)の三姉妹は「自分たちのすべきことはできたのかな」と思い返した。

12年年明けのある日。結腸がんで療養していた近藤静重さんの小山市の自宅。「勉強させてもらっています。ありがとうございます」。笠井恵子さん(30)は処置を施しながら頭をぺこりと下げた。在宅ホスピスのもう1人の看護師だ。

人工肛門からの排せつ物をためる袋をお腹の上から圧迫するようにして密着させる。傍らで片見さんが「呼吸に合わせて袋を張って。そうしないと苦しいから」とアドバイスする。

笠井さんは11年春、在宅ホスピスの門をたたいた。

その数カ月前、大腸がんで父親(58)を亡くし、自宅で渡辺医師と片見さんに看取ってもらった。

父親を中心に穏やかな時間を過ごした家族だった。住み慣れた自宅での看取りを体験する一方で、病院で亡くなる人が多い現実も見知っていた。周囲に「なぜ病院に行

患者の処置のため在宅ホスピスとちの木の事務所を出発する看護師の片見明美さん（右）と笠井恵子さん（左）。渡辺邦彦医師が見送る

かなかったの」と聞かれた時は腑《ふ》に落ちない思いだった。「もっと在宅医療が自然なものになればいいのに」

これまでの勤務先は一般的な医院や障害児施設。今、在宅ホスピスの看護師として歩みを進めていく。

渡辺医師や看護師２人はそのときどきの患者の様子に敏感だ。

「あの患者さん、きょうはパジャマだったね。先週の訪問では普通の服だったのに」と投げ掛ける渡辺医師。「病状が進み動くのがつらくなってきたのかもしれません」と片見さん。訪問後の車中で、そんなやりとりが交わされる。

患者は自分の苦痛をすべて表現してくれるとは限らない。渡辺医師は肝に銘じている。「小さな変化を見逃さず、理由があるかもしれないと考える。それが緩和ケアに必要な感性です」

3 「自宅にいたい」と願う母

ガーベラ、スイセン、スイートピー…。「おしゃれな花を飾りたい」。増渕喜代子さん(52)は、義母ゑつさんの墓前に花を手向けた。

12年1月2日昼すぎ、宇都宮市西原町の光琳寺。夫完司さん(60)が墓を冷たい水で清め、博史さん(23)と修さん(21)の息子2人が線香に火を付けた。

3年前、91歳で人生の幕を閉じたゑつさん。最期まで住み慣れたわが家で過ごした。旧盆と正月、家族は決まって墓参りに訪れる。

ゑつさんは季節の花が大好きだった。晩年を過ごした同市滝谷町の自宅。窓越しに

ゑつさんの墓に手を合わせる喜代子さん（中央）と家族。胸中の思いを伝えた

見えるツバキが咲くのを楽しみにした。水槽を泳ぐ熱帯魚を数えるのも日課だった。

新春のやわらな日差しが差し込むその部屋で、家族4人、ゑつさんと過ごした日を懐かしんだ。

7年前の夏―。女学校の同窓会に出掛けた。86歳。つえを突く同級生もいる中、自らの脚で歩き旧友と語らった。散会後、市役所に立ち寄り、最上階の16階まで階段を上った。「お元気ですね」。すれ違う人たちが驚いて笑顔を向けてくれた。

「思い出がたくさん詰まった宇都宮の街も一望できて、本当にいい1日だった」。帰宅後、うれしそうに家族に語った。

翌日、事態は一変した。両膝を襲う激しい痛み。重い病気こそなかったが、その日から床に伏せがちな日々が始まった。

体が弱り、「ずっとこの家でみんなと暮らしたい」。切なる思いを口にした。

「母の希望をかなえよう」。喜代子さんは決意した。

ゑつさんは、一番の愛情を注いでくれた「母」だった。生みの母は、生後1カ月の喜代子さんを置いて家を出た。育ての母も愛情を注いでくれたが、どこか遠慮もあった。夫の母であるゑつさんは、看護師の仕事に励む喜代子さんを見守り、陰から支え続けてくれた。

看護師として働くと、病院で厳しい現実も目にする。動かない腕を無理やり伸ばされ、おびえるおじいさん。ストレッチャーで運ばれるお年寄りの上に、汚れたシーツが積み重ねられていたこともあった。治療を受ける病院には、思うようにならない出来事も起こる。「療養するなら自宅だ」と思った。

だが、壁が立ちはだかった。夫婦共働き。子どもたちは自立していない。完司さんは骨肉腫で左足を切断し、まだ療養生活が必要だった。夜勤を含む自身の病院勤めもあった。

訪問ヘルパーを活用し、ゑつさんの食事の準備や体調の管理を何とか続けた。

療養生活4年目の秋、ゑつさんは歩くこともままならなくなった。看護師として高齢者に触れてきた経験が、「春までもたないかもしれない」と感じさせた。

療養が一段落した完司さんは復職している。喜代子さんも仕事は休めない。数年来のかかりつけ医はいるが、1人では通えない。「母が1人の時、何かあったらどうしよう」

壁に直面した家族を支えたのは、医療と介護を組み合わせた在宅ケアだった。

「入院するしかない…」

さまざまな思いが入り乱れ、涙がほおを伝った。

「先生にしか、お願いできる人がいないんです」

08年12月1日、宇都宮市新里町の「ひばりクリニック」。喜代子さんは在宅医療に力を入れる高橋昭彦医師(51)に懇願した。

90歳だった義母ゑつさんは同市滝谷町で自宅療養を続けていた。重い病気こそないが歩くこともままならない。「自宅で」という本人の希望をかなえた療養生活は4年目に入っていた。気掛かりは病状の急変だった。

自宅で診てくれる医師は、講演で知った高橋医師のほか心当たりがなかった。自分は看護師で夜勤がある。夫完司さんの苦しかった骨肉腫の闘病…。難題に囲まれていた中であふれ出た言葉だった。

高橋医師は穏やかな口調で言った。「よく頑張ってきましたね。いつから訪問しましょうか」

喜代子さん夫婦は共働き。家を空けることも多い日中は、宇都宮市鶴田町のNPO

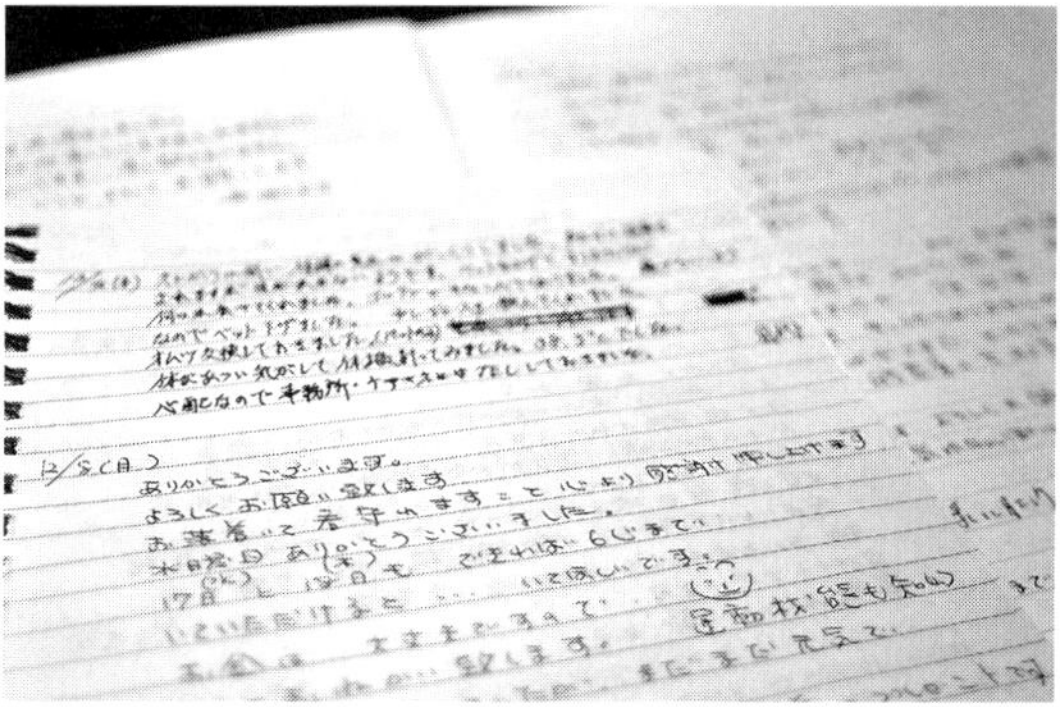

喜代子さんと訪問ヘルパーたちがやりとりした連絡ノート。体調の変化や食事の様子などがこまめに記されている

法人「ケアセンター人人《にんじん》」の訪問介護に頼った。

週3、4日、ヘルパーが訪れ、食事の介助やおむつ交換などをしてくれる。時間は1回90分。担当のケアマネジャーと訪問ヘルパーたちは、1冊の連絡ノートをつくった。

「入浴後、すがすがしい顔をしていました」「足が痛いようで動けません」。家族がいない時の様子を書き留めた。

喜代子さんが「水をこまめにあげてください」と書くと、ヘルパーは「コップ1杯の水を飲みました」と返す。細かなやりとりの繰り返し。喜代子さんは自分がいない時のゑつさんの様子が分かり、胸のつかえが下りていくようだった。

しかし状況は変わっていく。

訪問診療が決まってから3日後の夜、38度以上の高熱がゑつさんを襲った。高橋医師は家族の急な求めに応じて駆け付けた。

血液中の酸素濃度が下がり、ゑつさんの意識が薄れる。寝返りすら打てない状態に高橋医師は「かなり厳しい」と感じた。抗生剤を処方して家族に約束した。「明日も来ます」

高橋医師の言葉に胸をなで下ろしたが、介護への不安は再燃した。「おばあちゃんを一人にした時、何かあっても私が責任を取る」。そんな覚悟で始めた在宅介護だった。

「入院しかないのでしょうか…」

思わずケアセンター人人の事務所で訴えると、ケアマネジャーに励まされた。「今までがんばってきたのだから、家で看取ってあげましょう」

ほぼ毎日の訪問を約束した。多い時は日に2回。「家族が外出しなければならない時やゑつさんの体調が悪い時も訪問しますよ」

ゑつさんの熱は、数日後に引いていった。

交換ノートのやりとりはより濃密になった。喜代子さんはつづった。「落ち着いて見守れます。心より感謝します」

喜代子さんは「あの時の支えがなければ、入院させていたかもしれない」と振り返る。

最後の教育

「いつまでも一緒だよ」。冊子の題名に家族の思いがにじむ。

91歳の最期まで自宅で暮らしたゑつさん。最終章の暮らしと、支え続けた家族の思いを104ページの冊子にまとめた。表紙は、ゑつさんと孫が寄り添う写真を飾った。

「ともに過ごしたかけがえのない時間を残したい」。そんな思いで息子完司さんの妻喜代子さんが執筆した。

ゑつさんを介護したケアセンター人人の訪問ヘルパー人見美智子さんが冊子を見て記憶の糸をたぐった。「恋の話を聞かせてもらったことがあります」

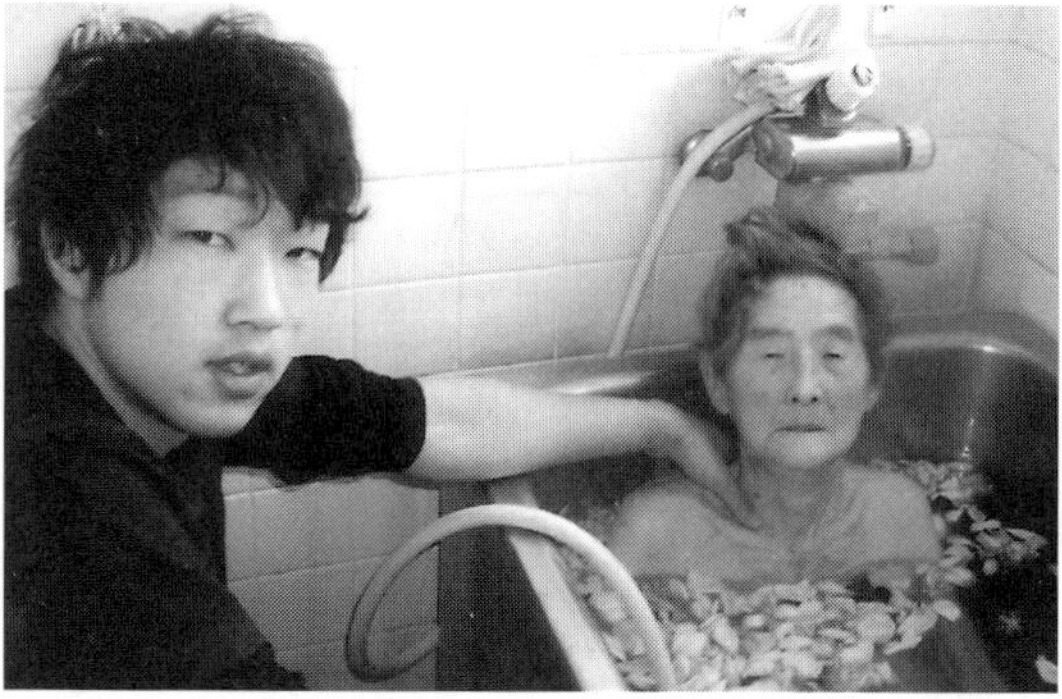

ゑつさん（右）の入浴を手伝う孫の博史さん。湯舟にバラに花を浮かべた。この日が最後の入浴となった

喜代子さんが、どこからか見つけてきた男性の古い写真。小学校教師だったゑつさんは「相手は同僚の先生だったの」とはにかんだ。女3人が居間で咲かせた恋の話。喜代子さんの目には「在宅だからできる豊かな時間」と映った。

「おばあちゃん、気持ちいい？」

09年1月12日、2階の風呂場で孫の博史さんが話し掛けた。湯船いっぱいに広がる花びら。見舞いにもらったバラの花だ。ゑつさんは湯につかりながら、気持ちよさそうにほおを緩めた。

血圧が下がり、昼夜を問わず眠っていることが多くなった。「これが最後の入浴になるかもしれない…」。博史さんの頭の片隅に、そんな思いがよぎった。

目に見えて変わっていく母親。完司さんは「こんな時どうしてやればいいのですか」と、高橋医師に不安をぶつけた。「最期まで家でと望んだゑつさんと、いつも通り過ごしてください」という答え。それを聞いて、肩の力が抜けていった。

旅立ちは朝だった。バラの入浴から6日後。高橋医師は既に脈がないことを聞いていた。「失礼します」。ゑつさんに声を掛け、冷たくないよう、自分の手のひらで温めた聴診器を胸に当てた。立ち会った完司さん、博史さんに声をかける。「お別れをしてあげてください」

2人は心を込めて「ありがとう」と伝えた。

「自宅で」というゑつさんの願いを全うした喜代子さん。夜勤もある看護師をこなし、骨肉腫で闘病する夫の姿に心を痛めた。自宅療養を続けられるか何度も岐路に立たされたが、あらためて思い知った。「一緒に暮らした日々は宝物です」

ゑつさんが残したもの―。12年1月2日、ゑつさんの墓参りで家族が集まった。学生時代の冬休みに介護した博史さんは、記憶が混濁したゑつさんに、名前を忘れられたこともあった。

「あの時はつらかった。でも弱っていく姿を受け入れていった。最期の穏やかな顔を見た時、介護をできて幸せだったと思えた」

弟の修さん。「やればできると自信がついた。下の世話も汚れたら洗えばいいだけ」喜代子さんが続けた。「おばあちゃんが教えてくれたんだね」

ゑつさんの最後の教育。「自宅での最期」が家族を成長させた。

4　お家に帰ろう

ベッドに横たわる小さな体。表情はない。うつろな目は、天井を向いていた。

11年11月15日。大田原赤十字病院消化器病棟の4人部屋。看護師水野恵美さん(39)は、同市奥沢の森田ステさん(88)の姿を見た瞬間、直感した。「入院しているせいで、こうなっている」

ステさんの様子を気遣った病棟看護師から相談を受けた。「うつの症状があって、心理士のカウンセリングも薬も効かないんです」

水野さんは4年前から、がん患者や家族と話し合って、要望に沿った療養環境を整える専任看護師を務めている。退院後の不安を解消するため、病院や介護職との調整にも当たる。最近は在宅ケアの需要が高まり、まとめ役としての役割は重みを増している。

8月に入院し、9月、大腸がんの手術を終えたステさん。入院からほぼ3カ月が経過し、当面施す治療がなかった。

「はじめまして。がん相談支援室の水野です」。小柄な身をかがめ、ステさんの枕元にそっと顔を近付ける。ステさんは口から食べられず、胸の静脈から管で栄養などを取り入れる。「いつ帰れんだい？　家に帰りてーんだよ。帰れば、菜っ葉だけでご飯が食えんだ」

「お家で面倒をみられますか」。水野さんは、毎日ステさんを見舞う嫁の貞子さん(60)に尋ねた。

「無理です。点滴したまま帰って来ても…」

貞子さんは治療が終わると、長く入院できないことを知っている。しかし、夫婦で自営業を切り盛りしているだけに、付きっきりの介護はできない。転院を願い出た。

少し日を空けて、水野さんは「おばあちゃんは家で死ねたら本望だそうです」と水を向けてみた。「…連れて、帰れるんですかね」と貞子さん。さらに数日後、在宅ケアのサービスを説明すると、「やってみようかな」。心は少しずつ変化していった。

貞子さんは、「家に帰りたい」と願うステさんの人生に思いをはせた。二歳年下の夫を41歳で亡くし、家計を支えるため会社勤めを始め、息子4人を育て上げた。義母も最期まで自宅で介護した。「私も同じように、みてあげたい」と決めた。

12月6日、同院に併設される訪問看護ステーション。看護師やケアマネジャーなど在宅ケアに携わる8人が集まり、貞子さんを囲んだ。退院を最終的に決める「カンファレンス」と呼ばれる会議だ。

ステさんの療養計画が示された。毎日2回、訪問ヘルパーがオムツを交換し、体を拭く。医師の往診、訪問看護師による点滴針交換、通所施設での入浴もメニューに入

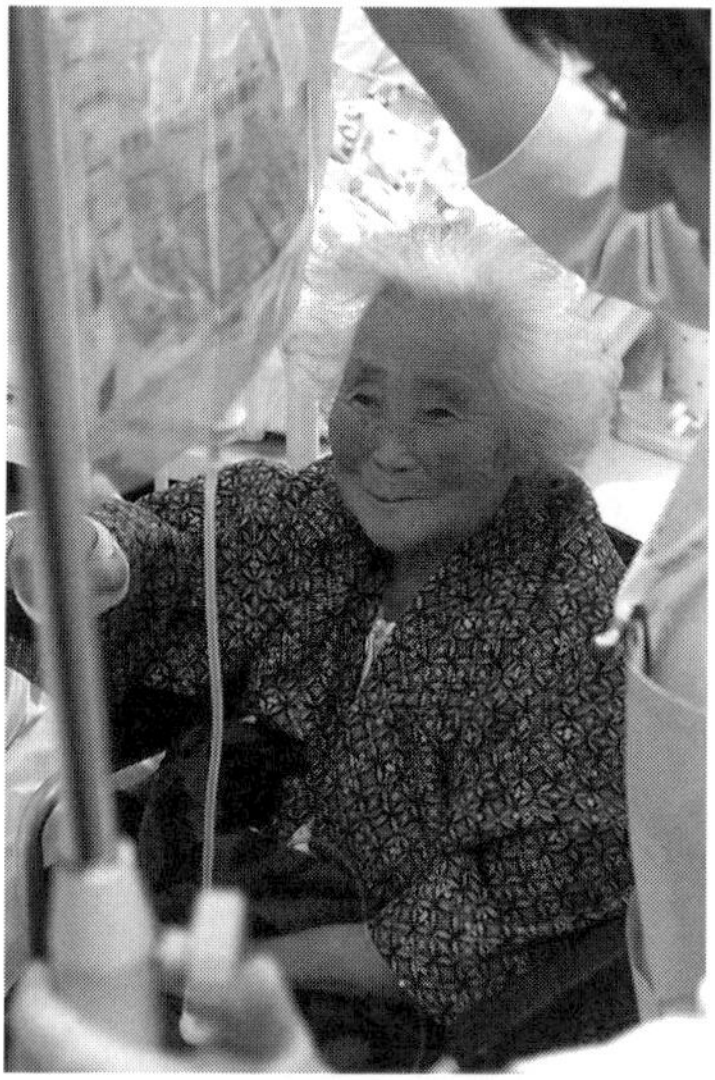

退院が決まった森田ステさんは車いすに移り、病室で満面の笑みを見せた

れた。水野さんは「食欲が戻るかもしれません」。笑顔でうなずく貞子さん。「1人で頑張らなくていい。家に帰らせます」

退院から1カ月ほど過ぎた12年1月12日。自宅の南向きの部屋でステさんは訪問介護を受けていた。枕元には愛猫みーこが寝そべる。「家は何とも言えない

安心感があんだよ」

病院でカサカサに乾燥した皮膚も潤った。体を動かす力もわずかに回復し、自力で体の向きを変えられるようになった。

水野さんはいつも胸に刻んでいる。「心の奥にある思いをすくい取り、患者本人も家族も後悔しないよう、本当に必要な支援を一緒に考えたい。人生は一度きりだから」

病院から地域の中へ

オレンジ色のカードで、病院とつながっている安心感が得られる。

「自宅で何かあったら、救急隊にみせてください。説明しなくてもこの病院に来られます」

11年12月6日、大田原赤十字病院の訪問看護ステーション。入院中のがん患者を自宅療養へとつなぐ専任看護師水野さんが、はがきほどのカードを差し出した。相手は貞子さん。「家に帰りたい」という義母ステさんの願いをかなえ自宅療養を決めたばかりだ。

患者番号や担当医が記された「緊急時連携カード」。駆け付けた救急隊がこのカードを確認すると、自動的に同院に搬送する。救急外来も患者情報をいち早く把握することで、迅速に対応できるシステムだ。

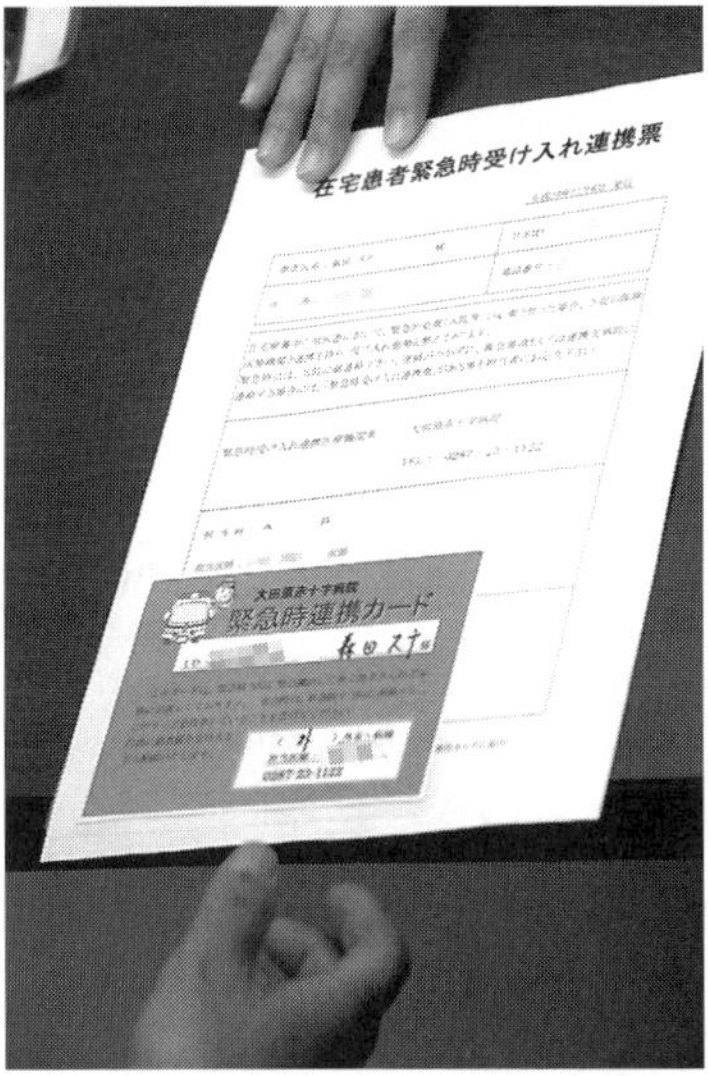

安心して自宅療養に移れるよう、「緊急時連携カード」が介護者の森田貞子さんに手渡された

自宅で容体が急変したらどうしよう――。当面施す治療がない患者や家族にとって、退院をためらう大きな原因だ。この不安を取り除くため、同院は約3年前、終末期患者らを対象に独自のシステムを整えた。

12年1月までに交付されたカードは98枚。救急外来で実際に56枚が利用された。

カードを受け取ると、貞子さんのほおが緩んだ。

自宅療養に安心感を提供する独自のシステムはもう一つある。開業医らと同院が、患者の情報をパソコンで共有する「病診連携ネットワークシステム」だ。

4年前、同院看護部副部長手塚美恵子さん(58)が中心となって稼動させた。訪問診療する医師が在宅患者の入院中の病状や検査データを専用ネットで共有できる。システムを使うための費用は6万円。

「患者さんが再び入院しても、検査データや画像診断の情報がパソコンで瞬時に確認できます。お互いに、切れ目のない治療を後押しできます」と手塚さん。

「そこまでしなくていいよ」「パソコン操作が面倒」—。当初は、色よい反応ばかりではなかったが、地域の開業医ら60数人に説明し、これまでに16施設の協力を取り付けた。

ステさんを訪問診療する医師も、このシステムを活用している。

高齢化や核家族化の進展で家族による介護は困難さを増している。15年前から先駆的に退院調整を行う同院。「入院の早い段階からそうした事情をつかみ、介護保険サービスを整えて退院に備える必要がある」。手塚さんは、新たな取り組みを始めた。

12年1月17日、同院の会議室。看護師ら病院側と、行政や介護職、地域包括支援センターの担当者15人で会合を開いた。病院と地域の垣根を取り除き、一体となって患者を支える。昨秋に続いて、2回目だ。

「入院中の介護保険申請をスムーズにするにはどうしたらいい?」「介護職には、医療処置が必要な患者の状態を丁寧に説明してほしい」—。参加者から改善への意見が上がった。

連携が密になり、質の高い在宅ケアを提供できれば、退院後の不安から入院し続けてしまう「社会的入院」は減る。急性期など入院が必要な患者を受け入れる病院本来の機能も果たせるはずだ。

「医療と介護が手を取り合って、地域全体で退院を支援していきたいですね」。呼び掛ける手塚さんに、参加者がうなずいた。

療養は病院から在宅・地域へ――。それは、家族だけに介護を任せない筋道でもある。

5　認知症とともに

「じゃあ3択です。散歩、ボール投げ、たんを出しやすくする背中のマッサージ。どれにしましょう?」

12年1月27日午前。佐野市内の自宅ソファに深く腰掛けている認知症の男性(69)。同市民病院訪問看護ステーション「あその郷」の看護師時田真紀さん(39)が、ゆったりした口調で問い掛けた。

男性が大好きな散歩に誘っても、表情が硬い。得意のボール投げにも無反応だ。強制すると、感情が不安定になる。

朝はたんが多く、機器で吸引していた。目もうつろ。もしかして―。マッサージを思い立ち、3択にした。

「ここ2日、夜寝られていないんです。お父さんどうする? マッサージ?」。表情を読み取ろうとする妻(67)。言葉で伝えられない夫の意思を妻の反応でうかがい知ろうと、時田さんは静かに見守った。

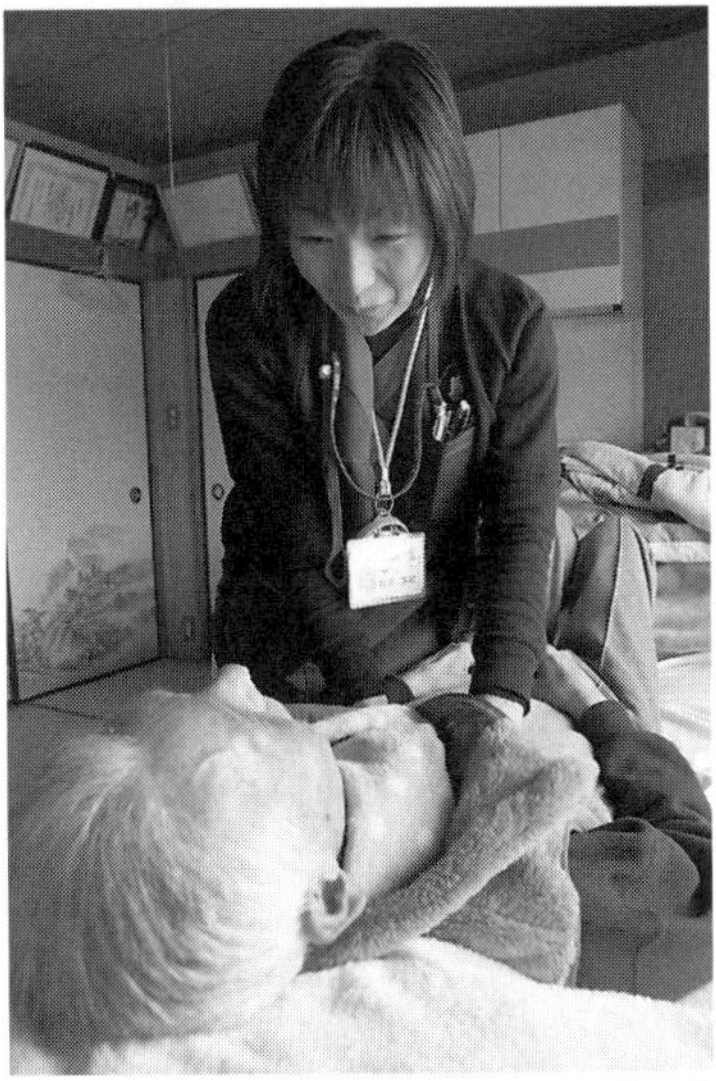

「たんが出やすくなりますからね。」訪問看護師の時田さんは明るく呼び掛けながら認知症男性の肺を動かすマッサージをする

全身の機能が衰えていく中、脱水や便秘、手足の神経障害など医療的な心配は尽きない。対処が遅れれば徘徊《はいかい》や暴力につながりかねない。「心身の変化の様子を察した、臨機応変な看護が大切なんです」と時田さん。

妻の声に、男性の顔がかすか

に動いた。

会社を退職した3年後の63歳の時、道に迷うなど男性に異変が現れ始めた。「若年性アルツハイマー病」と診断された。夫婦は眠れず、寝室で暗闇を見つめ、毎晩のように同じ会話を交わした。

「おれ、死んじゃいたい。一緒に死ぬか?」「うん。死んじゃおっか」

娘2人の存在で思い直し、話は続いた。「延命はしないでくれ。自然でいい」

11年9月、肺炎で熱を出し初めて入院した。食事や散歩ができたのに、水も飲めず点滴で寝たきりとなった。おなかに穴を開け栄養を入れる胃ろうを、何度も勧められたが、妻は断った。リハビリに入り、ゼリー状のものから試すと、食べる力を取り戻していった。

「お父さんに残された歩く力、食べる力を、自然な生活の中で生かしてあげたい」。

自宅療養ができるかケアマネジャーに相談すると、体調管理の観点から、週2回の訪問看護を勧めてくれた。

発熱、便秘、たん吸引…。娘2人は嫁ぎ、夫婦2人きりだ。自宅療養で妻の不安といら立ちは募った。

訪問看護は24時間体制で対応する。

11月の契約から約2週間後。妻から緊急の電話が入った。「便が出ない」。駆け付けて医療的介助で便を出すと男性は喜び、涙を流した。排せつの大切さに気付いた妻。「よかったね」と繰り返した。食欲も戻った。

「今はトイレのときを知らせ、食べたい意思も表現できる。自宅に戻り、できることが増えている」と時田さん。安定した介護を支えるため、妻の話にも丁寧に耳を傾ける。

マッサージ後。腕を伸ばす運動で「バンザーイ」と声を掛けると、「バンザーイ。あはは」。夫が笑うと、妻の声が弾んだ。「あ、元気。目も違う」

急な変化があっても、妻には専門的な看護はできない。「いつでも味方になってくれる人がいて安心」。妻の表情に柔らかな笑みが、広がった。

6　24時間365日

24時間365日、いつでも医療が対応してくれる安心感――。病状急変などに不安を抱く在宅療養者や家族が求める条件だ。

12年1月、佐野市の外科医院院長の平野滋之医師(50)は、退院したばかりの肺がん患者の女性(74)宅を訪ね始めた。

訪問診療の初診日。ベッド脇で療養方針とともにこう言い添えた。「僕が万が一、来られない時、こちらの先生が来てくれます」。同行した小倉重人医師(46)を紹介した。

10年以上、外来診療の合間を縫って在宅医療に取り組んできた平野医師。しかし、高齢化などで自宅療養者は増すばかり。満床が続く地域の病院も、末期のがん患者らを円滑に在宅につなぐ方法を模索している。

「一人では対応しきれない。チームを作ろう」。開業医に連携を呼び掛けると、小倉

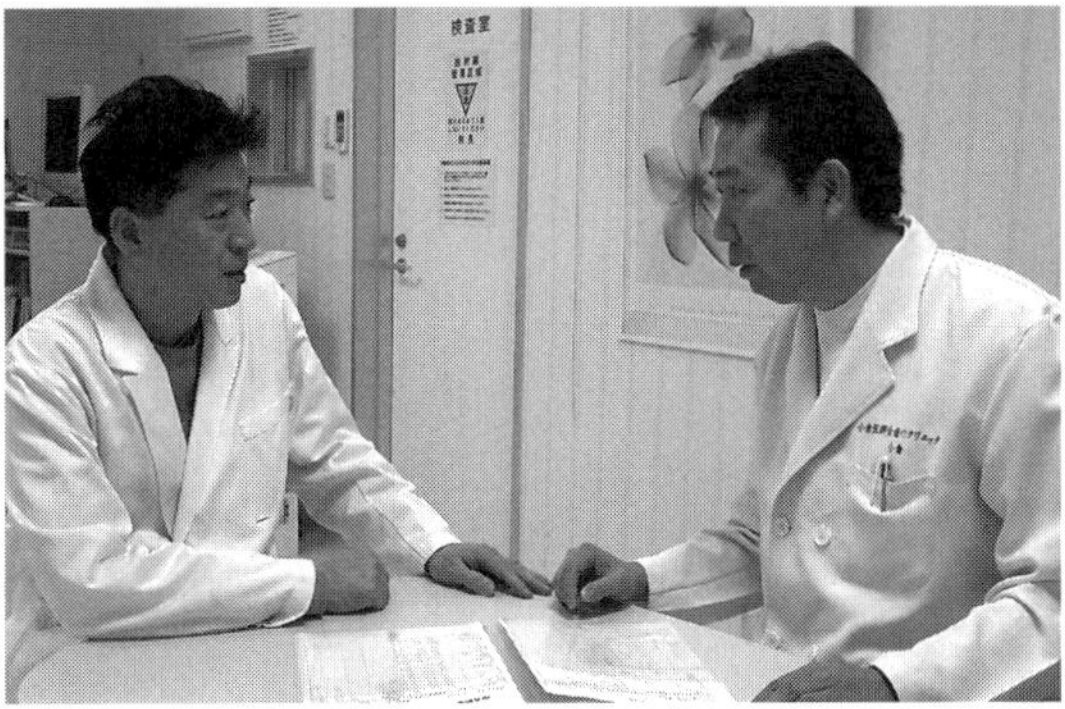

肺がん患者の在宅医療で手を取り合う「佐野肺ケアチーム」の平野医師(左)と小倉医師

医師ら6人が賛同した。前年1月、肺がん患者を在宅で診る「佐野肺ケアチーム」を発足。患者1人に主・副主治医体制をとり、この1年で10人を支えている。

出張先の四国で携帯電話が鳴った。壬生町に診療所を持つ前原操医師(64)。11年ごろのことだ。

「高熱が出ています。どうしますか」。同町内で自宅療養する70代のぼうこうがん患者。家族の求めで緊急訪問した看護師からの電話だった。すぐ別の在宅医医師が訪問診療を担当していた。前原医師に連絡を取り、代理往診を頼んだ。

06年、同町で発足した「在宅療養支援者の会」。

訪問看護師やケアマネジャーなど多職種が連携し、7カ所の診療所と協力し自宅療養者を診察する体制だ。

患者との信頼関係を優先させる医師の思いもあり、実際に行われた代理往診は数件。ただ、ネットワークづくりをけん引する前原医師は説明する。「不測の事態があっても別の医師に頼めることで、安定した在宅医療が提供できる」

その上で「連携の中心は訪問看護師」と強調する。看護師は医師よりも数多く患者を訪ね、暮らしぶりも把握している。「24時間体制で医療を提供できるのは、患者からまず連絡を受けた看護師が的確に状況をつかみ医師に伝えてくれるから」

11年12月。下野市、道の駅しもつけの一室。多職種連携の勉強会「つるカフェ」が開かれていた。医師や看護師、ケアマネジャーら約30人が出席し、在宅医療をテーマにお茶を飲みながら意見を交わした。

立ち上げたきっかけは東日本大震災。発生直後、同市で在宅医療を専門とする「つるかめ診療所」の鶴岡浩樹医師(44)は担当する患者数十人の安否確認に奔走した。

ところが後日、同じ患者にかかわる看護師や介護職と情報交換して気付いた。独居や重度の患者に意識が集中したことで、すぐに訪ねられないケースもあった。「職種を越えて有機的に連携しないと、在宅ケアは行き届かない」

大震災3カ月後に発足した「つるカフェ」。3カ月ごとに回を重ね、緊急時の対応策などを確認し、連携は密度を増している。

超高齢社会を支える仕組みが芽生え始めている。

7　「空白地域」への挑戦

ベテランの訪問看護師が、流れるような手の動きで体をほぐしていく。12年1月31日。大田原市の自宅で療養する男性は90歳。ベッドで心地よさそうな表情を浮かべた。

「魔法みたい」。県東部の中核病院に勤める看護師横山孝子さん(47)は、マッサージをじっと見つめた。

横山さんは5月、那須烏山市で訪問看護ステーション（訪看）をスタートさせる予定だ。病院勤務の傍ら準備を続ける。

県内でも高齢化の進行が早い同市。外来診療の傍ら、患者の自宅を訪問する診療所もあるが、24時間の緊急訪問に対応する在宅療養支援診療所や訪看は県内14市で唯一、皆無。「空白地域」への挑戦だ。

手術室担当など病院看護師として培った20年以上の経験と技術に自負はある。しかし訪問看護は未経験。大田原市下石上のさくら訪問看護ステーションの看護師長鳥居香織《かおる》さん(50)に頼み込み、研修のため訪問看護先に同行した。

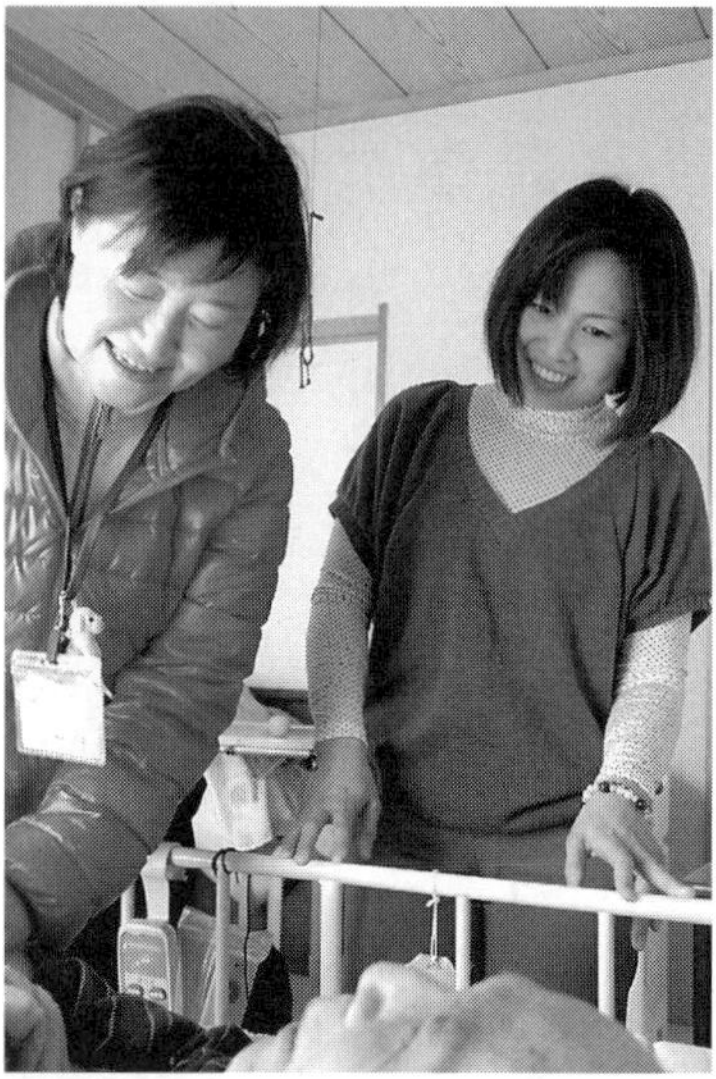
大田原市のベテラン看護師に同行し、訪問看護の技術を研修する横山さん(右)

男性宅を週1回訪れる鳥居さん。表情や姿勢などをつぶさに見ながら必要な処置を施していく。マッサージの意味を事細かに解説した。「横になったままだったから肩が固まったのよ。体をほぐして胸を開けば呼吸が楽になるでしょう」

自宅で療養する人と向き合い、生活に密着するケア。病気を治療する病院とは目的が違う。

「やりたいのはこれだ」。横山さんは意を強くした。

20年ほど前―。横山さんには忘れられない思い出があった。

勤務先の病院で30、40代の息子3人を持つ60代の父親を担当した。がんが進み、体は点滴や酸素吸入などのチューブにつながれている。残された時間は限られていた。

「少しでもいい。おやじを家に帰して」。父親の最後の望みをかなえようとする息子たち。懇願された横山さんは「帰れなかったら本人も家族も後悔する。止める権利はない」と痛感した。病院にも患者側にも「在宅」の発想が希薄な時代だった。半ばあきらめながらも担当医に掛け合い、帰宅が実現した。
自宅に戻った父親。数時間で苦痛を訴え再び入院したが、自宅の和室から庭を眺める表情には、穏やかな笑みが浮かんでいた。

研修で鳥居さんに同行する車中。「患者さんから何か言われたら、まずはすべて『イエス』よ」。ハンドルを握る鳥居さんが横山さんにアドバイスした。「患者さんが本当に求めていることを引き出すには、否定や拒絶から入っては駄目」

患者それぞれの自宅は、病院のように設備が整っていない。鳥居さんが訪問看護師に強く求めるのは、自分の五感を信じ、患者を支える姿勢だ。

「張ったおなかに触れて便がある場所を見つける。そういうことよ」。在宅では便秘が悪化すると看護師らが排せつを介助する。病院では「エックス線で便の位置を確かめ下剤を使う」という方が一般的。横山さんには衝撃だった。

助産師から訪問看護師に転向した鳥居さん。母体に触って胎児などの状態を判断してきた。触る大切さを身をもって知る。

「手と目を書くと、どんな字ができる?」と鳥居さん。横山さんは「看」の1文字に秘められた意味をあらためてかみしめた。

市街地から「できる」戦略

頭に焼き付いて離れない記憶がある。

県東部の中核病院の一室。老いて亡くなった遺体は、衣服を身に着けず金属製のストレッチャーに横たわり、布をかぶせられていた。

急変した様子に驚いた家族があわてて救急車を呼んだ。重い持病はない。かかりつけ医はおらず、死因は不明。死因を特定する検視のため、室内で長時間1人にされた。

「どうして、ここに来ちゃったの」。居合わせた横山さんは、そんな高齢者の姿を何度も目にした。

やりきれない思いがこみ上げた。「在宅医療が届いていれば、住み慣れたわが家で家族に看取ってもらえただろうに…」

勤めている病院を辞め、12年5月に訪看をスタートさせる横山さん。「家で最期まで過ごすという選択肢を示したい」

「考え抜いた末の結論だろうから、止めはしない。でも訪看の運営は厳しいよ」。勤務先の病院長は意義を理解しながらアドバイスした。横山さんが訪看を立ち上げる計画を打ち明けた時だ。

山間部を抱える同市。片道30分もかかる訪問先もある。効率的な訪問は難しく、採算は取りにくい。

他人を家に入れることをためらう意識が残り、訪看は浸透しにくかった。

多くの病院で悩まされている看護師不足。看護師の確保に追われる病院が、訪看運営にまで乗り出すことは難しい。同市内の在宅患者の訪問看護は、かかりつけ医から指示書を受けた近隣の町の訪看に頼る。

「在宅医療が浸透して病院への患者集中が和らげばいい」と横山さん。住宅が比較的密集する旧烏山町の市街地を主な対象地域とする「戦略」を掲げる。

体が弱って動けない高齢者が軽い発熱などの症状で、市街地から救急車で来院するのを何度も見てきた。「訪問看護の潜在的な需要はある」

夜勤明けの時間を使い、自宅で訪問看護ステーション立ち上げの準備を進める横山さん

名称は「訪問看護ステーションあい」。運営母体となる会社を3月に設立し、市中心部の貸事務所「ベンチャープラザ」の一室を借りることを決めた。開業資金に数百万円かかるが、病院の退職金などをつぎ込む。看護師2人の募集も始めた。

訪問看護をスムーズにできるかどうか。看護を指示する医師からより幅広い協力を得られるかが鍵を握る。「在宅での看取りにはどうしても診療所や介護施設などの医師の力が必要」と横山さん。今後、自らが描く訪問看護の方針を説明し、理解と協力を求めていく。

現在、市の人口に占める65歳以上の高齢者はほぼ3割。2025年にはこれが4割、1万人に迫ると推計される。

豊かな未来を実現するために残された時間は限られている。

夜勤明けの12年2月1日。横山さんは自宅で黙々と会社登記書類などの作成作業に取り組んでいた。「訪問看護が浸透すれば在宅療養は広がるはず。今は一歩を踏み出すしかない。とにかく、できることからです」

8 自宅で看取り、家族は…

祭壇の中央に飾られた遺影。生前、家族に話していた通り、どこか野村克也監督に似た表情だった。

12年2月4日、栃木市の葬祭ホール。前立腺がんのため77歳で亡くなった鹿沼市上永野の藤倉政男さんの告別式が執り行われた。

1月31日夜、自宅で妻タイさん(78)と娘小谷好子さん(54)らに見守られ静かに息を引き取った。

当面施す治療がなかった政男さんは入院先から自宅に戻り、1カ月の療養生活を過ごした。

体調がいい時は、ベッドから車いすで居間に移り、お茶を楽しんだ。見舞いに訪れた親戚や近所の人に、冗談を言って笑わせる気遣いもみせた。

弱音を口にすることもあった。「もう生きられないかもしれない」。息苦しさにさいなまれた時「もう楽にして」と漏らしたが、奮い立った。

「もう少し頑張るか」。最期まで生き抜いた人生だった。

容体は日によって変わった。

退院後、1日も欠かさず政男さんと家族を訪問診療で支えた在宅ホスピスとちの木（栃木市箱森町）の渡辺邦彦医師(52)と看護師。退院間もない元旦、家族を居間に集めた。

「今は容体が安定しています。でも、がんは進んでいるんです」。状態が持ち直しているると感じた家族を現実に引き戻した。「避けて通れないこと。家族がそろい比較的状態がいい時だからこそ話せる」と渡辺医師は考える。

政男さんの苦痛や家族の不安に対応しながら、病状を的確に伝えていく。その繰り返しが自宅療養を価値ある時間に導いた。

告別式。

出棺を控え、花で埋め尽くされた棺。むせび泣く好子さん、タイさんは涙をぬぐった。

家族は口を真一文字に結び天を見上げた。

出棺の場以外は穏やかな雰囲気に包まれた。荼毘に付す間、思い出話が途切れることはなかった。「お酒を飲み過ぎだったじいちゃんを注意したら、取っ組み合いになったんだ」と孫の周平さん(28)。家族は「そうそう、それでね…」とうなづく。

菩提寺の長安寺寺山正明《しょうみょう》住職(64)は、身内を失い涙に暮れる家族を数多く見てきた。政男さん家族の様子に「病気を受け入れ、精いっぱい介護した。心残りのない時間を過ごせたのだろう」と受け止めた。

父親藤倉政男さんの納骨を終え、小谷好子さん(右)は母親タイさんの手を取り歩いた。2人に笑顔が浮かぶ

自宅裏山の高台にあるお墓。納骨を終えたタイさんは「これから、いっつもじいちゃんに上から見張られっちゃうよ」と笑みを浮かべた。

墓前につながる山道は、「ばあちゃんが歩きやすいように」

と、ものづくりが好きだった政男さんが整えた。その足元を確かめるかのようにゆっくりと歩いたタイさん。寄り添った好子さんは、看取りを通して父親の最期を正面から受け止めることができた。

「自宅だからでしょうね」。父親の生き抜いた姿を胸に刻んでいる。

老いのものがたり

人が老いていく本来の姿を忘れかけてはいないだろうか。私たちは病の克服、延命と長寿を追い求め、目覚ましい成果を享受する一方、「老い」を積極的には見つめてこなかった。健康で過ごせる時間が延び、医療技術が進歩する分、一人一人の生き方の選択肢は飛躍的に増える。老いを受け止め、その人がたどってきた人生の「ものがたり」を大切に守りながら、生き抜く人や家族らの歩みを追いかける。

1　大事なのは命の質

真っすぐに前を見据え、よどみなく言葉を返してきた。

「先生、私はもう80をすぎ、79歳の平均寿命を超えた。がんだとしても、精密検査も

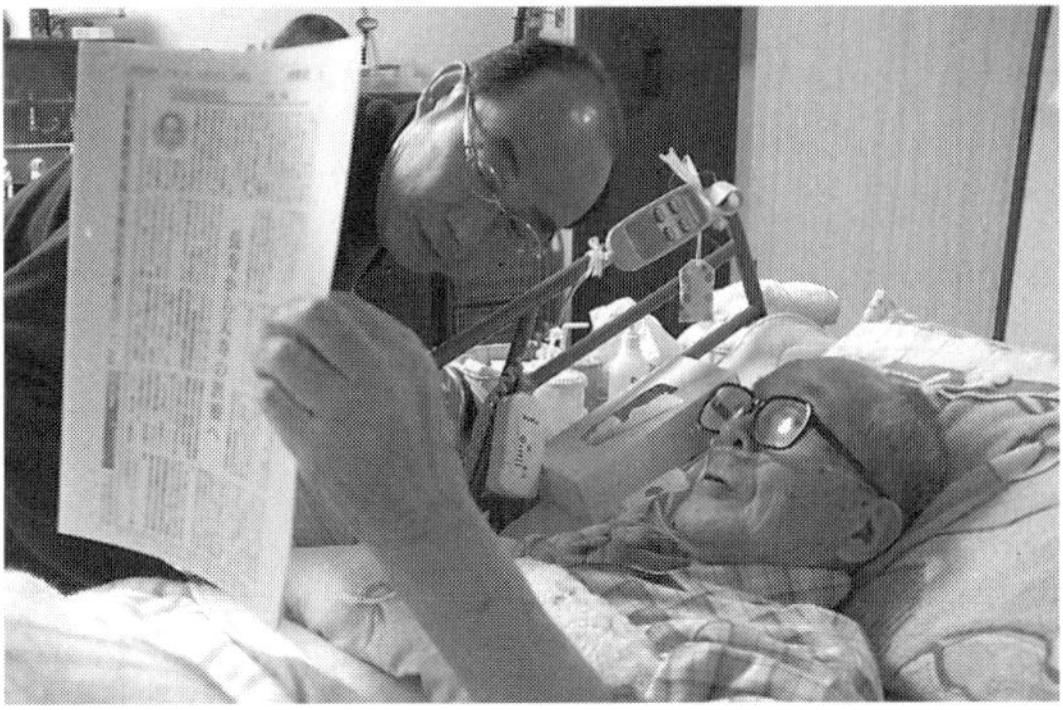

太田医師の訪問診療を受けている小倉さん（右）は、老いて得た病と「闘わない」と決めた

手術もしないよ」

２０１２年３月９日。小山市駅東通り３丁目、おやま城北クリニックの診察室。太田秀樹医師(58)は、近くに住む小倉武さん(83)と向き合っていた。

両肺のＸ線写真には、下半分に水がたまり、全体に散らばったまだらな影が写し出されていた。血液検査にも異常が出ている。「影」が全身を厳しい状態に追い込んでいた。

前年８月。激しいせきやたんを訴え、同クリニックを受診した。Ｘ線写真に浮かぶ疑わしい影。丸いすに座る小柄な体は半年ほどで10キロ以上やせた。詳しい検査を勧めたが、応じない。「治療はしない。私の生き方だ」。小倉さんに迷いはなく、その後も定期的な受診にとどめていた。

積極的な治療か、病と連れ添う生き方か――。どちらが自分にとって幸せか、選べる時代になった。「年をとれば病気や障害は避けがたく、自己決定が大切になる。小倉さん、立派だよ」。外来から在宅医療で支えることを決めた。


「体の一部を治しても、老化は治療できない」。1992年、太田医師は「在宅医」を掲げ開業した。自治医科大付属病院整形外科の現場の中核的な立場にあり、脂が乗った時期での転身だった。

当時は、専門科ごとの高度医療の追究が進み、自らも最先端治療に没頭した。半面、違和感も芽生え始めていた。

足の手術が成功し歩いて退院しても、安静にしたことで逆に足腰が弱って寝たきりになり、再び入院する高齢患者。腕を骨折し、病院のベッドで過ごすうちに歩く機能が衰える人もいた。

「医者の役割は治療だけなのか」。開業して20年、在宅で支えた約８００人の大半は高齢者。ギリギリまで治療を受け、退院後数日で亡くなる人もたくさん目にした。「治すことを重視して薬や人工栄養、検査を続ければ、老衰の体にさらに負担を掛けることもある。濃厚な治療は必ずしも高齢者を幸せにしない」

開業当初、「病院に劣らない医療を提供する」と意気込んだが、時を重ねるごとに、その人や暮らしを「支える医療」に力を注ぐように変わった。

苦い経験がある。12年前。京都に住む開業医の父が脳梗塞で倒れた。駆け付けると、何本もの管につながれていた。「もうだめだな」。そう直感したが、生きてほしいとの願いが先に立った。「人工呼吸器を付けてくれ」。信念と逆の行動をとっていた。意識は戻らず、１カ月後に他界した。

いざという時の家族の苦悩を身をもって知った。

「でも、治療や処置に安心するのは自分で、患者本人は幸せじゃないかもしれない。大事なのは命の長さより、質」

12年3月16日。小倉さんの訪問診療が始まった。在宅用酸素吸入器を入れて鼻の管から酸素を補い、医療用麻薬で痛みを緩和する。

「酸素どう？　楽になったでしょ。小倉さんが望む治療をするからね」

体調を確認しながら声を掛けると、小倉さんはクシャッと目尻にしわを寄せた。「もうね、私の友達も兄弟も、みーんなあっちに行っちゃったの」。自然な老いを迎え入れた。

「私はね、闘わない」

限りある人生

朝食を済ませ身支度を整えると、自宅に併設された事務所に足を運ぶ。12年3月16日午前8時半。いつものいすに身を預けた。

小倉さんが、45歳の時に県職員を辞めて開業した小山市城北3丁目の「小倉不動産」。30年以上変わらぬ朝の風景だ。

肺がんを疑われているが、自然な老いと受け止め治療しない道を選んだ。X線写真に写し出された影、血液検査の数値。厳しい状態が示される中、自宅療養を続けている。こだわるのは事務所に通う日常生活だ。

夕方、柔らかな笑みで来所者を出迎えた。「先生どうぞ」。近くにあるおやま城北クリニックの太田医師にいすを勧める。落ち着いたたたずまいだ。

「太田先生と大学が同窓だなんて親しみがわいたよ。私は経済学部」。歩んできた道、仕事の話…。会話は弾む。初めての訪問診療を受けながらも、ゆったりした経営者の雰囲気を漂わせた。

太田医師は、人生の先輩をたたえた。「今もこうして事務所で過ごして、かっこいいよな。おれも最期まで聴診器を持っていたい」

人生の総仕上げ―。「精密検査も手術もしない」と重い決断をした。そんな夫の傍らで、妻の佳代子さん(69)は気をもみ、症状を手帳に書き込んでいた。

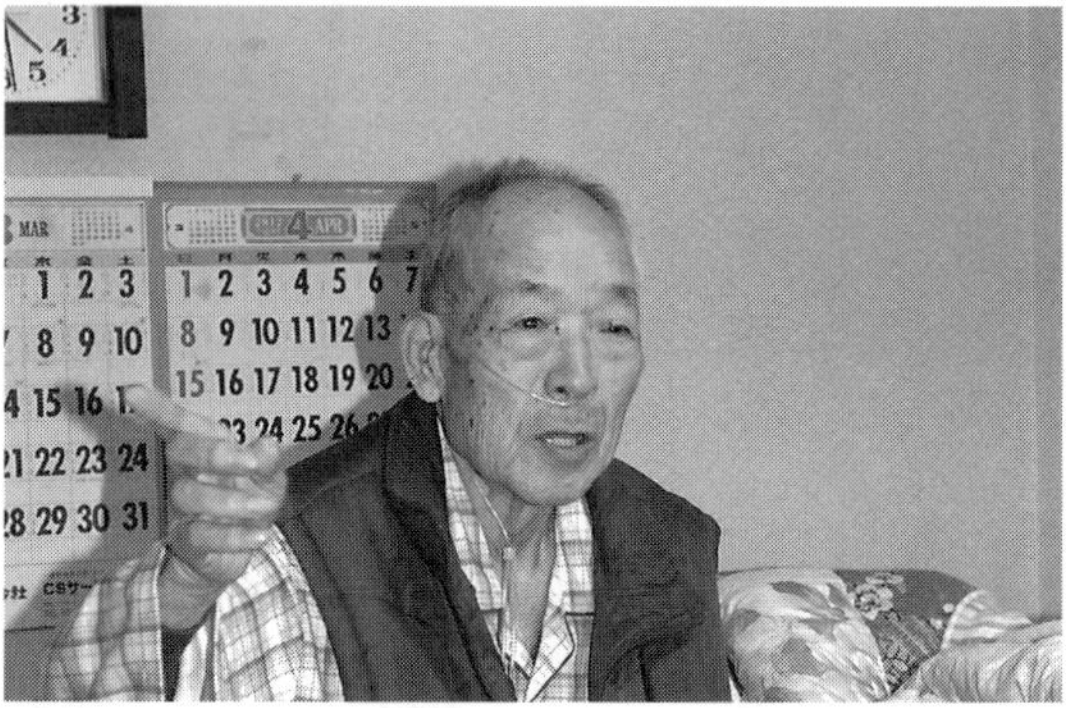

「先生あそこ知ってる？私が仲介してね」。訪問診療中、仕事の話で笑みを浮かべる小倉さん

11年4月。「武さん、胃が痛いと言って食欲がない」。8月。「左肩に鈍痛。たんとせきがはんぱじゃない」。ペンを走らせるたび、弱りいく姿を突きつけられる。詳しい検査を拒む夫を見守るしかなかった。

何事も自分で突き詰め、決める人。「縛られずに生きたい」。県庁を退職した時でさえ、事前の相談もなかった。

病状を知ったのは12年3月初旬。体調を崩し始めて1年がたっていた。14歳下の妻に「心配を掛けまい」と、胸にしまい込んでいた。

佳代子さんはがくぜんとしたが、「武さんらしい」とも感じた。「黙って見ていることに耐えがたい思いはあった。でも、がんの疑いがもう少し早く分かっていても、本人の意思は変わらなかったはず」。夫の希望に添い遂げる覚悟を固めた。

「命には限りがある。自然のままに」。そう考える小倉さんは若いころから、自分の「逝き方」を探してきた。

35歳の時、結婚10年目の先妻を脳腫瘍で失った。兄弟や友達の多くが検査や治療を重ね、病院で亡くなる姿も目にした。

国内外と旅行を重ね、大自然に身を置くと、「人は生かされている」としみじみ感じた。佳代子さんの目には、虫も殺さぬ夫が「命に慈しみを抱いている人」と映る。

12年3月下旬、事務所。小倉さんは、1冊の青いファイルを棚から取り出した。先人の人生訓や自らの死生観を書き留めた紙が何枚も収められている。1枚を取り出し、机の上に広げた。

「人生最後が肝心。納得できる生き方ができたら幸福な気持ちになれるはず」

自らの人生の旅。終着点まで、しっかりと歩いて行く。

2　「ままならない」を悟る

エアコンと電気毛布のスイッチを切り、体を拭き終えると、37・2度あった微熱は引いた。

「36・8度。部屋を暖めすぎていましたね」

12年3月16日午後、那須塩原市三区町の鈴木三郎さん(88)宅。さくら訪問看護ステーション（大田原市下石上）の看護師長鳥居香織さん(50)が体温を告げると、妻のテル子さん(75)に安堵の表情が浮かんだ。

06年、脳梗塞で倒れた三郎さん。認知症も患い、自宅で療養生活を続けている。

この日の室内は少し暑いくらいだった。鳥居さんらが三郎さんの体をお湯で拭き、マッサージを施した短い時間で平熱に下がった。

鳥居さんは三郎さんの様子を連絡ノートに書き込みながら、ゆっくりと説明した。

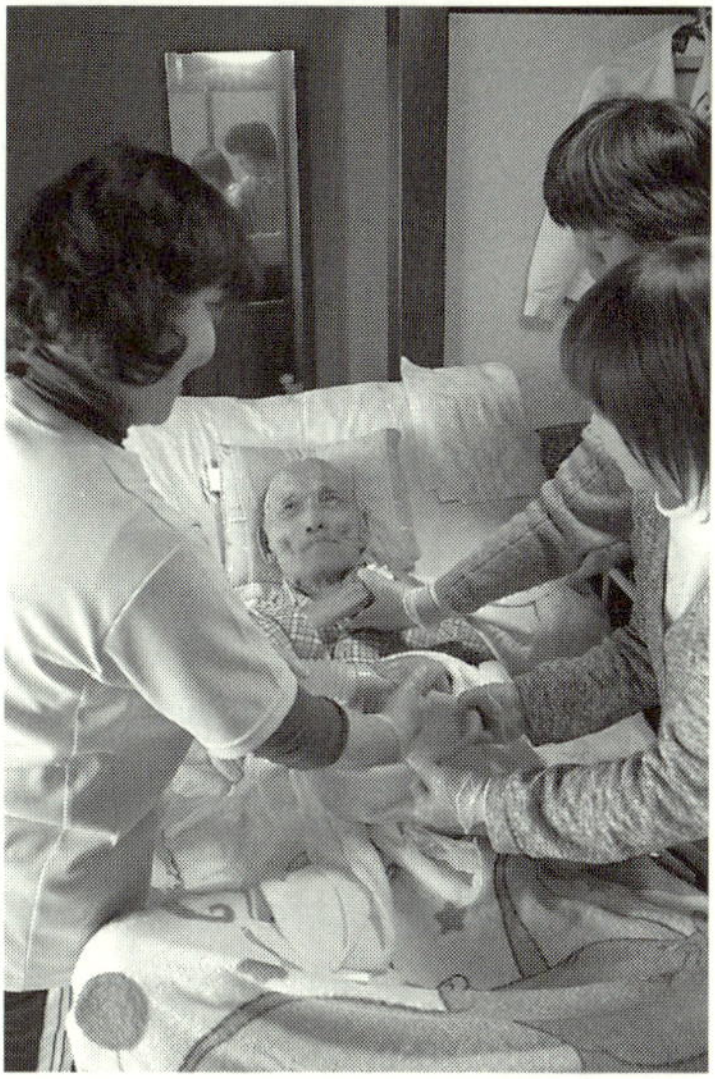

鈴木三郎さん（中央）の手を丁寧に洗う訪問看護師と訪問ヘルパー

「高齢になると、外の温度に体温が影響を受けやすくなるんです。体温が上がると呼吸の回数が増えるから、三郎さん、疲れちゃいますよね」。テル子さんは深くうなずいた。

　体温調節だけではない。庭の散歩、ささやかな晩酌…。療養中にできなくなった日常の営みは少なくない。長男邦一さん(53)は振り返る。「年を重ねることは、『ままならない』が増えることだと分かってきた」

　地元の建設会社に勤めていた三郎さんは、請われて定年後も働き続けた。誰の悪口も言わない。困っている人には手を差し伸べる。口数は少なかったが、確かな愛情を注いでくれた。「このまま家で療養してほしい」。邦一さんは自然とそんな思いにかられた。

介護を始めたころ、大好きな山歩きができるまでに回復させたいと願った。認知症が進み、怒りっぽくなった三郎さん。リハビリで通っていたデイサービス施設で、トラブルを起こすことも。

専門医から「環境の変化で症状が悪化しているかもしれない」と通所の見合わせを促され、思わず周囲に漏らした。「リハビリをしなかったら、父が歩けなくなってしまう」。活動的だった父の面影が頭から離れなかった。

療養生活を始めて3年がすぎた時、父のおむつを交換する場に邦一さんは立ち会った。パジャマの裾からのぞいた足の細さに目を奪われた。肺炎で入退院を繰り返し、足腰は弱っていた。

「もう無理はさせられない」。描いていた理想と突きつけられた現実との開き。「老い」

を受け入れるまでに3年の月日を要した。

五感で父を感じる。邦一さんは毎朝出勤前にささやかな時間を欠かさない。

午前7時ごろ、ベッド脇に腰掛け、三郎さんの顔をのぞき込む。手でそっと額に触れると、ぬくもりが伝わる。「勘弁しろ」。嫌がるそぶりをみせ、振り回す腕が邦一さんに当たることもある。腕を動かせること、声を出せること自体がいとおしく感じる。

「行ってくるよ」と声を掛けると、どれだけ興奮していても「行ってこ」と応じてくれる。体力や物事を理解する力は衰えてきた父。出がけの息子とのやりとりは今も変わらない。

口で味わえなくても…

「ガラガラガラ…」。うがいをするような音がふすま越しの隣室に響く。

12年3月22日夕。那須塩原市三区町の自宅で鈴木テル子さんは、心配そうに腰を上

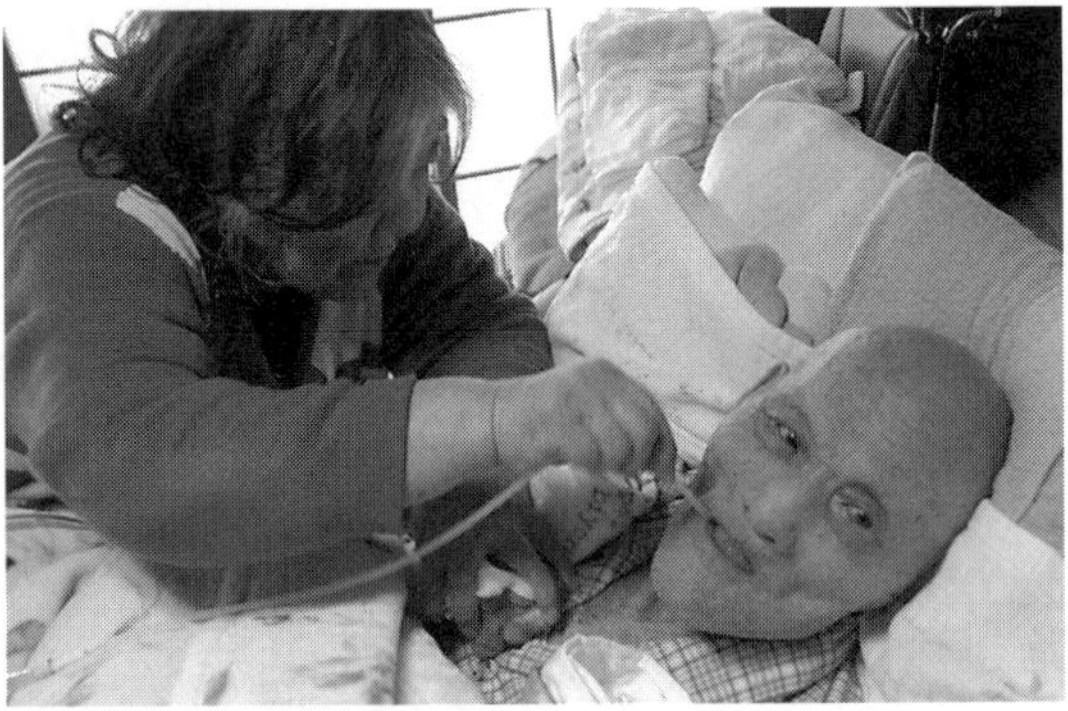

鈴木三郎さん（右）のたんを吸引する妻テル子さん。左手はずっと三郎さんの手に添えられていた

げた。

寝たきりの夫三郎さんは要介護度5。認知症や加齢で飲み込む力や吐き出す力が落ちている。苦しそうに呼吸しながら介護ベッドに横たわっていた。たんがのどで絡み「うがいの音」に聞こえる。

「たんを取ろうね」。ベッド脇に立ったテル子さんは、吸引器から伸びる細いチューブを三郎さんの口の中に入れた。「うー、うー」。三郎さんは激しくかぶりを振り口を閉じようとする。

「あーってして。すっきりするよ。ほら、あー」。数分後、「ズズズ」とたんが吸い出され、三郎さんの表情は穏やかになった。テル子さんはつぶやいた。「いつどうなるか分からない。心配で心配で」

それは「少しでも長生きしてほしい」と願う家族の苦悩だった。

三郎さんは09年、お腹に「胃ろう」を付ける手術を受けた。胃ろうは、管を通して胃に直接水分や栄養を補給する。

食事の時、よくむせるようになった。食べ物が誤って気管に入り、肺炎を起こした。口から食べることが難しくなり、医師から胃ろうを提案された。

胃ろうを選択するべきか—。食べることが大好きだった父に思いをめぐらせ、長男邦一さんは悩み抜いた。「胃ろうを造らなければ、命をつなげない」。苦渋の決断だった。

飲み込む力が衰えると、食事の介助に時間が掛かり、肺炎のリスクも伴う。病院や施設の療養先を決める時、限られた受け入れ先の条件として、家族が納得しきれないまま胃ろうを選ぶこともある。本人や家族の意思が尊重しきれないとして、一部に批判もある。

「在宅では特に、胃ろうを『良い、悪い』と片付けられない。家族が純粋に三郎さんに生きていてほしいと思うからだ」。三郎さんの自宅療養を支えるさくら訪問看護ステーション師長の鳥居さんは、家族の心情を理解する。

たんに苦しむ三郎さんの姿を見かねて、テル子さんは、鳥居さんに相談した。「年を重ねれば、吸収できる水分量は少なくなり、余った水分がたんになることもあるんです」。指摘された通り量を抑えると、「うがいの音」は以前ほど頻繁には聞こえなくなった。

胃ろうを選択したことで、口から味わうことができなくなった三郎さん。でも邦一さんは感じている。「おいしいものをあげると、父が喜ぶような気がする」

12年2月。コンビニの棚に並んだジュースを見比べ、白桃味の乳酸菌飲料を買い求めた。注射器に移し替え、ゆっくりと胃ろうに流し込んだ。邦一さんは心から「うれしい」と感じた。

三郎さんが望む老いの姿やケアを知る術はない。代わりに判断を迫られる邦一さん。

胸に刻んでいる思いがある。「ただ長く生きるより、よりよく生きてほしい」

3　わが道を行く

12年4月、今年も紫と白の品のよい花が付き始めた。

壬生町壬生丁の住宅地にたたずむ小規模多機能ホーム「のぞみホーム」。建物は平屋の民家を思わせる。大きなモクレンの木がシンボルだ。認知症の高齢者ら10人が利用している。

「あんなに『自分』を持ち続けた人はいなかった」。ホームリーダーを約20年務める看護師奥山久美子さん(44)はしみじみと振り返り、一緒に眺めたモクレンの花を見上げた。

前年5月4日。102歳の天寿を全うした宇井俊一さん。妻久さんを亡くし自宅隣のホームで約10年過ごした。深刻な病気はなく、老衰だった。単語しか声にできなくても、最期まで「水」などと欲しいものを伝えた。「大」「小」と排せつを知らせトイレで用を足した。

眠るように息を引き取る数時間前、山口市に嫁いだ次女加藤美知代さん(70)がホームを訪れた。死期を強く意識していたわけはない。「何か食べたいものはある？」と尋ねられ、「ウナギ」と答えた宇井さん。食べることが大好きだった。

102歳になっても食べることに意欲を持ち続けた宇井俊一さん。好物のいなりずしをほお張る

「食べる」ことを失いかける危機が、介護記録に書き留められている。

亡くなる1カ月前、4月5日の夕食。介護福祉士大輪《おおわ》俊夫さん(37)の手を借りて、好物ののりとごはんを口に運んだ。

突然、宇井さんの顔が青ざめ、

呼吸できなくなった。のどに何か詰まったらしい。救急車を呼ぶ大輪さん。宇井さんののどに指を入れると、大量のたんを吐き出し、呼吸を始めた。

その夜、奥山さんは悩んでいた。「再び食事をできるかな」。また、たんを詰まらせるかもしれない。高齢のため、口からとれなくなると、急激に飲み込む力が弱るかもしれない。「口から食べることが自然で、できる限りそうしたい」。奥山さんと家族の思いは同じだった。臆病な一面もある宇井さんは針を刺されるのを極端に嫌がる。栄養補給とはいえ点滴は忍びない。

翌日午前。「おーい」。眠っていた宇井さんが目を覚まし、呼ぶ声が聞こえた。奥山さんは宇井さんをのぞき込み、つぶさに観察する。顔色、息づかい…。「いつもと一緒だ」「食べますか」と問い掛けた。嫌がるそぶりはない。慎重な介助を受け、のりとおかゆを味わった。「日常」がよみがえった。

水俣病研究で知られた長男純さんら2男2女がいたが、「彼らは県外に住み、それぞれの生活がある」と、頼らない暮らしにこだわった。

たんをのどに詰まらせてからも、前向きな姿勢は変わらない。

4月8日には「ユニクロで洋服を買って散髪に行きたい」。「服は自分で合わせるのがおしゃれ」とそろいの背広を着なかった。買い物も好きで、通信販売の常連だった宇井さんにセールスの電話もよくかかった。「カメラと靴を買う」「本を持って来てくれ」

奥山さんの目には「多くの趣味と旺盛な好奇心があったからこそ、100歳を過ぎるまで長生きし、そして活動的だった」と映る。周囲もできる限り応えた。

わが道を行く宇井さんに寄り添ったホームは、自ら認知症の妻久さんを支えるためにつくった場所だった。

自らつくった「のぞみ」

奔放な人生の一端をうかがわせた。

12年3月下旬、壬生町壬生丁の古い民家。前年5月4日、隣接するのぞみホームで

102歳の天寿を全うした宇井さんの旧宅だ。さまざまな分野の数千冊に及ぶ書物。シャンソン、クラシック音楽のＣＤやビデオも積み上げられた。宇井さんが長年かけて集めたものばかりだ。間もなく1周忌。「父は地域の人たちに本当にお世話になった。役立つものがあったら、どうぞ持ち帰ってくださいと思って」。次女美知代さんは実家を開放した。

宇井俊一さんの旧宅で、宇井さんが長年にわたって集めた書物。次女加藤美和代さんが整理した

茨城県古河市生まれの宇井さんは京都大在学中に妻久さんと結婚。戦後妻の実家がある同町に居を構え、2人とも県立高教員として教壇に立った。

宇井さんは東京の高校に勤め

先を変え単身赴任となった。レッドパージに遭ったためだ。自らの信念を曲げない父。美知代さんは「校長にも言いたいことを言っていたのだろう」。給料の多くは関心のある書物などに消えた。美知代さんは久さんから、聞かされていた言葉を思い出した。「お父さんは夏目漱石みたいに自由に生きたいのよ」

教員を退職し悠々自適に暮らしていた宇井さんに、転機が訪れる。元号が平成に変わった1989年。80歳を過ぎた久さんが認知症を発症した。「今までお母さんを放っておいたから、世話は自分がする。罪滅ぼしだ」。妻より一つ年下の宇井さんは介護を始めた。

食事の準備に1時間、食べさせるのにも1時間。「子どもたちには頼らない」と献身的に介護を続けたが、「老老介護」を重ねるうちに腰を痛めた。

「かゆいところに手の届く自宅のような介護施設が欲しい」。宇井さんは思いをめぐらすが、周囲には見当たらない。「それなら自分たちでつくる」。認知症高齢者の介護に悩む別の家族とともに奔走した。福祉関係者の協力も得て93年、のぞみホームを造り上げた。この時、宇井さん84歳。

自身が所有する小さな平屋を使い、名前は「未来に望みを持てるように」との願いを込めた。今もホームリーダーを務める当時25歳の奥山さんとも出会った。

久さんは、少しずつ弱りホームに住むようになった。開所から10周年を迎えた2003年。隣家から足しげく通った宇井さんらに看取られ、自然な衰弱のまま逝った。96歳、穏やかな旅立ちだった。

ホームは99年にNPO法人化し、宇井さんが初代理事長に就いた。自ら礎を築いた場所で、自分らしい老いの生き方を実践した。

財政的には必ずしも順風満帆でないホームを気にかけた。「久美子さん、あなたとは一心同体だからね」。亡くなる1カ月前、宇井さんは漏らした。自ら立ち上げ、奥山さんやスタッフとともに育んだのぞみホーム。

それは、自らの生きる証しを見いだす道のりでもあった。

認知症…「らしさ」の危機

「花はー、越後のー、雪っ、つーばぁきー。タカタッタター」。十八番は歌手小林幸子の「雪椿《つばき》」だ。

12年3月、のぞみホーム。いつものソファに座った同町、金成ますさん(90)は、伴奏なしで自慢の歌声を披露した。「カラオケはね、ずっと習っていたのよ」。ちょっぴり得意げな笑み。認知症で要介護度4、週6日ホームに通っている。

心身の機能が衰えていく認知症。2年前、症状が進み足元がおぼつかなくなった。自宅で転び骨盤の一部を骨折した。歩くのに介助が必要となり、精神的な不安定さからか、まめに「おしっこ」と告げる。1人でもトイレに立とうとする。目が離せない。当時通っていたデイサービス施設の負担が増えた。

「迷惑が掛かる。このまま通わせることはできない」。共働きの長男(64)夫婦は途方に暮れた。ケアマネジャーから紹介されたのがのぞみホームだった。

ホームの利用者は約10人と小規模。本人も行き場所が見つからず困っていた。「もし介護が大変だったらスタッフのシフトを工夫して対応しよう」。ホームリーダーの奥山さんはますさんを受け入れた。


最期の瞬間までその人らしく―。開所当時から約20年間リーダーを務める奥山さんの信念だ。教訓を残した苦い記憶があった。

1993年、ホームを立ち上げて間もなくのことだった。

自宅からホームに通い、ダンスや散歩、おしゃれを楽しんだ70代の女性は、認知症を患っていた。

徘徊がひどくなり別の介護施設に入所すると、いつの間にか「何もできない人」とレッテルを張られた。面会に来た奥山さんに「帰りたい」とつぶやいた。自分では脱げないつなぎの服を着せられ、鍵付きの部屋に入っていた。

奥山さんは施設を訪れ、女性がお気に入りだった紫の和服を着てもらった。生き生きした表情としゃんとした姿勢がよみがえった。

「本人は何も変わっていない。適切な配慮があれば豊かな時間を持てるはずなのに…」

のぞみホームでは、守らなければならないスケジュールはない。一人一人の希望に添うためだ。人によって食事に時間がかかってもせかさない。

壬生町東雲公園で桜の花見を楽しむ金成ますさん

12年3月27日朝。いつものように、ますさんは長男に背負われ、ホームにやってきた。スタッフの気配りが行き届く40平方メートルほどの洋間。その一角が定位置だ。

うとうとする。手拍子しながら、童謡を口ずさむ。お茶をすする。他の高齢者と一緒に体操もする。

お茶の時間。隣に座る利用者のお茶とお菓子が運ばれてこないことに気付き、スタッフに「ちょっと、この人の分はないの？」と聞く気遣いもみせた。

「認知症でも、できることはたくさんある。歩けるし、食べられる。人への気配りだってできる」

通い始めたころ、日中だけで30回ほどトイレに立ったますさん。回数は目に見えて減ってきた。

来た道に寄り添って

12年3月27日、のぞみホーム。

明るく開放的な洋間のソファに座ったますさんが誰にともなく言った。「私は日本橋生まれ。女学校を卒業してるのよ」

ますさんは認知症で要介護度4。約2年前から週6日ホームに通っている。

「それが、ばあちゃんの誇り。しっかりした人だから」。折に触れて繰り返される言葉。ますさんと長年過ごす嫁の久子さん(64)はそう理解する。

03年に発症した認知症は少しずつ進んだ。足元もおぼつかなくなり、10年春には自宅で転んで骨盤を骨折し、動くたびに痛んだ。

精神的な不安定さからか、トイレに立つ頻度が増え、家族は自宅に小型トイレを用意した。しかし「こんなものではできない」と拒んだ。「無理せず、じっとしていたら」と気遣われ、悔しそうな表情を浮かべた。「ばかにしないでよ」

スタッフは頻繁だった「トイレ」にその都度付き添った。老いを重ねても、持ち続けるますさんの誇りを尊重するためだ。

ホームは「自然に」も大切にする。

11年5月、102歳の天寿を全うした宇井俊一さんが亡くなる前の数カ月。夜中に

のぞみホームのスタッフとともに、明るい笑顔を見せる金成ますさん(左)

よく目を覚まし、夜勤スタッフを何度も「おーい、おーい」と呼んだ。

スタッフの負担を考えた家族は「睡眠導入剤の服用もやむを得ない」と伝えたが、ホーム側にその選択肢はなかった。奥山さんは説明する。「人間、疲れたら眠るでしょう。導入剤を使うより、そばにいて、少しでも不安を和らげたい」。スタッフは落ち着くまで必ず寄り添う。

要介護度が最も高い「5」の高齢者も毎朝、ベッドから離れ、着替えてから、車いすでデイルームに移動させる。「一般に寝たきりになっても不思議でない程度の人もいる」と、訪問診療する蔵の街診療所（栃木市平柳町）の福地将彦医師(41)。介助を受けながらも、できるだけ口から食べる。奥山さんはそれを「普通の生活」と考える。

介護は本人や家族の気持ちを最優先する。


ますさんの生きてきた道—。

「長く外で仕事をしてきた人ですよね」。奥山さんは先入観を持たないように、利用者の過去をあまり聞かない。でもホームでの様子から分かってくる。

実際、ますさんは60歳ごろまで、宇都宮市の百貨店の呉服売り場で働いた。そこで培った「社会性」を感じる。

ホームで合唱する時「さん、はい」と声を掛け、場を仕切ろうとする。人との調和を重んじる。数字に強い。時折、職場で自分の役割を探すように「何かやることはない？」と尋ねる。

12年3月15日。「ますさん、これお願いできますか」。スタッフの1人が、洗濯し乾いたタオルを持ってきた。「分かったわよ」。張り切って、次々とたたんでいく。「はい、どうぞ」。たたみ終えた10枚ほどのタオルを差し出す。自らの「仕事」をしっかりこなし、笑顔をみせた。

これまでの人生が形づくる「ものがたり」の中で、ますさんは生きる。家族にとって介護の苦悩は尽きない。のぞみホームと手を携え、輝きを失わないその姿を守りたいと願っている。

「食べる」への挑戦

口から食べること―。私たちが日ごろ意識しない行為は、年老いたとき、必ずしも簡単にはいかなくなる。認知症、老衰などでかんだり、飲み込む力が衰え、胃ろうを付ける人も少なくない。しかし、本人の意思が確認できない場合では、胃ろうを付けること、続けることに苦悩、葛藤する家族がいる。胃ろうの「その後」に焦点を当て、食べることを取り戻そうと挑む本人や家族、介護施設などの姿を描く。

1　食は生きる力の源

モグモグモグ。歯はない。歯茎と舌で上手にかみ、ゴックンと飲み込む。焼き魚、煮物、炊き込みご飯…。動く左手でせっせとスプーンを口に運んだ。

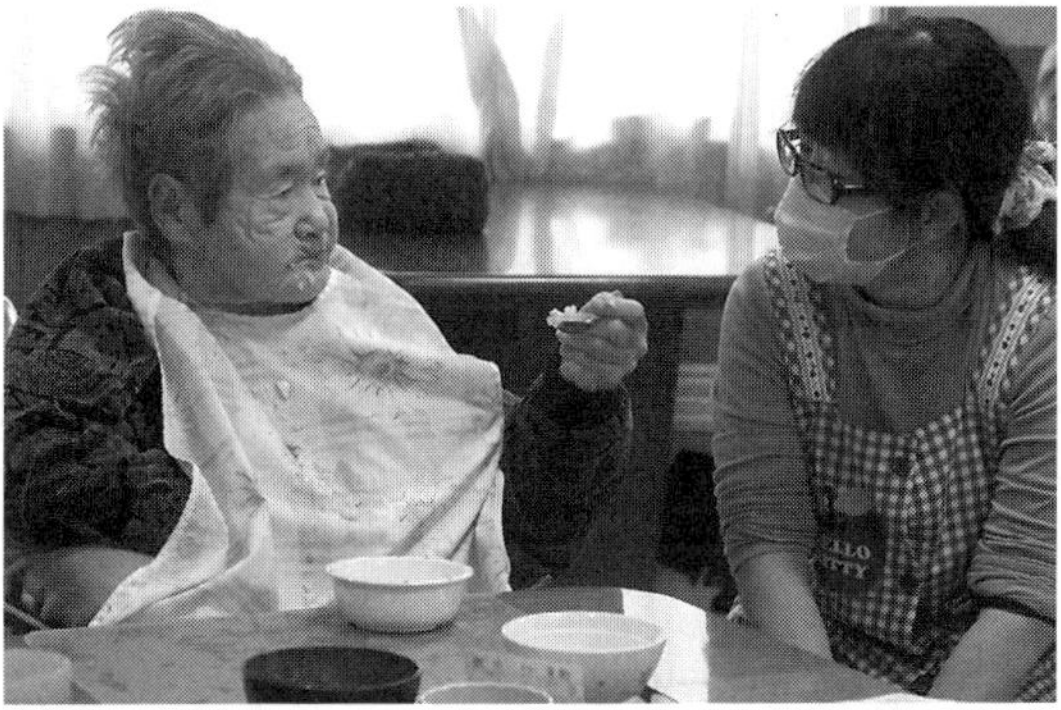

口からの食事を取り戻したキミさん（左）。隣では介護士の青柳さんが見守る

「おーいしい」

窓辺をサクラが彩る2012年4月18日。栃木市都賀町原宿の特別養護老人ホーム（特養）「ひまわり」。入所する蜂巣キミさん(91)は昼食を取りながら、満足げな笑みを浮かべた。

2年9カ月、口からご飯を食べていなかった。3年半前に脳出血で倒れ、右半身にまひが残った。かむ力は衰え、入院先でおなかに穴を開け管で栄養を送る胃ろうを付けた。「食事」は管から取っていた。

「手も口もよく動くようになった。食べるペース、少し早いかな」。食べ物が誤って気管に入らないように隣で見守る介護士の青柳幸恵さん(36)。

前よりも減った胸元の食べこぼしをそっと拾い、小さく笑った。
30分ほどで昼食を平らげ、少し物足りなさそうに周囲を見回す。うまく話せないキミさんの言葉を、青柳さんが代弁した。「食べるの、大好きなんです」

「入所者全員が健康な人と同じ食事をとれるようにしたい。胃ろうもゼロにする」11年7月。ホームの1階食堂に職員を集めた施設長の佐々木剛さん(68)。普通食への移行を宣言した。

特養でつくる全国組織は毎年、介護の質向上に取り組む。入所者の重度化が進む中、その人らしさを支えるためだ。尊厳を守る「おむつゼロ運動」に続き、食を通して自立を助けることを決めた。

ひまわりの入所者51人の平均要介護度は4・3と重い。かむ力も弱い人が多い。「理念は分かる。でも」。誤って飲み込んだら…。のどに詰まらせたら…。職員に戸惑いが広がった。

佐々木さんには背中を押される経験があった。病院から、床ずれだらけで入所した76歳の女性がいた。胃ろうに、排尿用の管。もうろうとしている。胃ろうの管が気になり抜こうとするため、それを防ごうと、指が分かれていない手袋をしていた。

「手袋を外してやりたい。それには口から食べるしかない」。看護職らと手探りで、生活のリズムを作ることから始めた。半年後、おかゆなどが食べられるようになる。手袋はとれ、どんどん元気になった。

「宣言」に不安を感じた職員に、佐々木さんは言い切った。

「食は生きる力の源。責任は全て私が持つ」


「胃ろうゼロ」に取り組む半月前に入所したキミさん。寝たきりで、要介護度は最も重い「5」だった。声を掛けても反応は鈍い。表情もなかった。歯もない。「食べられるようになるのか」。青柳さんは自信を持てなかった。

専門家を招き、職員は学び始めた。口の働きやかむ練習、代謝を高める水分量の維持、姿勢…。胃ろうでもない、刻み食やミキサー食でもない、普通食が取れる計画を立てた。キミさんの取り組みも決まった。

1日3回の口内ケア、日中、生活にメリハリを付ける。少しずつ、口から食べてもらう…。

日々、変わっていくキミさんの表情。青柳さんらの不安は薄らいでいった。

環境整え 食を促す

大きな体重計に車いすごと乗る。「49・15」と表示された。車いすの重さを差し引くと、体重は約36キロ。口から食べられるようになって7カ月。6キロ増えた。

12年3月下旬、ひまわり。キミさんは、月に1度の体重測定をした。

3年半前に脳出血で倒れ、胃ろうを付けた。栄養や水分は胃ろうから取り続けた。今は、普通のご飯を残さず食べられる。

3時のおやつ。大好きなどらやきをほおばった後、「おなか、いーっぱい」。体をそらし、顔をほころばせた。「やせて小さかった顔がふっくらした。顔つきも柔らか」。同市内に住む孫の光男さん(39)は目じりを下げた。

「食べさせてあげたい」。入所前、光男さんは試みた。だが、ヨーグルトは飲み込めず、ストローでジュースも吸い上げられない。「うーうー」。言葉も失ったキミさんは泣き出しそうになっていた。「こんなに弱っているなんて」―。

11年6月の入所時、口からの食事に戻す「胃ろうゼロ」の取り組みを伝えられた。救われた思いだった。

キミさんは2年9カ月、食べていなかった。口の開きは悪く舌もあまり動かない。

1日3回の口内ケアが始まった。職員が水や消毒液を含ませたガーゼを指に巻き、歯茎やほおの内側を拭く。刺激によって神経を呼び覚まし、雑菌が起こす肺炎も防ぐ。嫌がるときは無理をせず、根気よく続けた。

日中の過ごし方も見直した。寝たきりだったキミさんを、ベッドごと入所者が集う

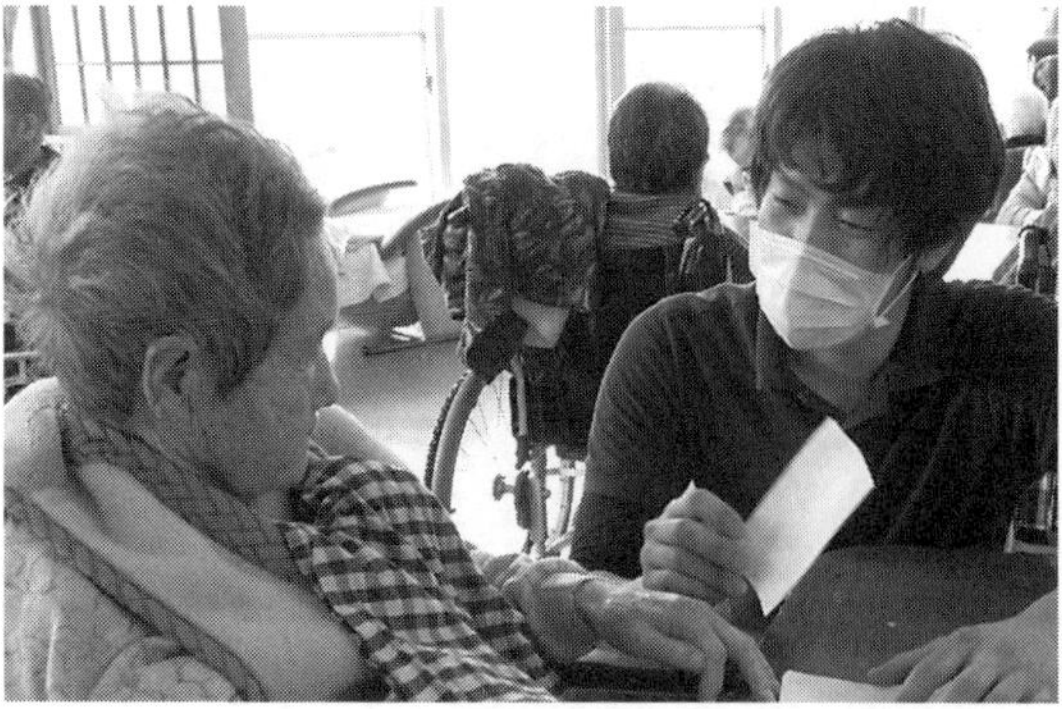
「キミさん、どれ飲む？」７種類の飲み物を書いた紙を用意して選んでもらい、水分摂取が進むように工夫を重ねる

フロアに移す。みんなが食事する中で胃ろうから栄養剤を入れ、食欲を促す。少しずつ、車いすに座る時間を増やしていった。

２カ月後。看護・介護職のミーティング。おやつから、「食べる」ことへの挑戦が決まった。

看護師の青木千代子さん(53)がスプーンに乗せたゼリーをそっと差し出す。口を開けるキミさん。ゴクン。次もゴクン。60グラム全部食べて、つぶした６房のみかんもおかわりした。

「予想以上に上手に飲み込む。むせることもない」。青木さんは驚いた。翌日以降もバナナ、いもの煮物…。かむ力も付いていく。職員の励みにつながった。

食欲が出ると、自分でスプーンを持った。ペースト状の食事から徐々に、普通のご飯に切り替えた。胃ろうを使っていたときより、摂取できるカロリーは1食分に当たる600キロカロリーほど増えた。

「んまかった」。たどたどしい口調ながら、言葉が出るようになった。胃ろうを使う副作用の便秘も、少しずつ解消されてきた。

取り組みは道半ばだ。キミさんは3食のうち、朝は胃ろうに頼らざるを得ない。同じ入所フロアで暮らすのは21人。朝の時間帯は職員が3人しかおらず、余裕を持って食事を見守れない。「施設運営費の約7割が人件費。これ以上かけるのは…」。副施設長の松本和子さん(62)は複雑な表情を浮かべる。

それでも光男さんは「元気になった」と感謝する。

病気で倒れる前、毎日のように近所の人と、好物のせんべいやまんじゅうを楽しみ、話に花を咲かせたキミさん。「んまかった」。その言葉を聞くと、かつての姿がよみがえってくる。

可能性信じる若い力

「逆転の発想」だ。

健康な人と同じ普通食の方が、よくかんで飲み込むから安全―。「かむ力が衰えたから軟らかいものを食べる」。そうではない。

12年4月18日、ひまわり。介護士の葛西大樹さん(25)は、脳疾患を患う女性(73)の隣で食事の介添えをしていた。

力の弱い右手に食べやすい卵ほどのおにぎりを持たせる。ゆっくりと口に運び、パクリとかじった。

自分の手で食べることも大切にする。「ごく普通の営みは、生きる力を実感させる」と信じている葛西さん。おかず、お茶と順番を変え、その都度、スプーンやコップを握らせた。

「普通食を食べてもらうには…」。管理栄養士の嶋中智恵子さん(47)も知恵を絞る。肉は焼くより長く煮て軟らかくする。繊維質の強いレンコンなどは使わない。少しずつ

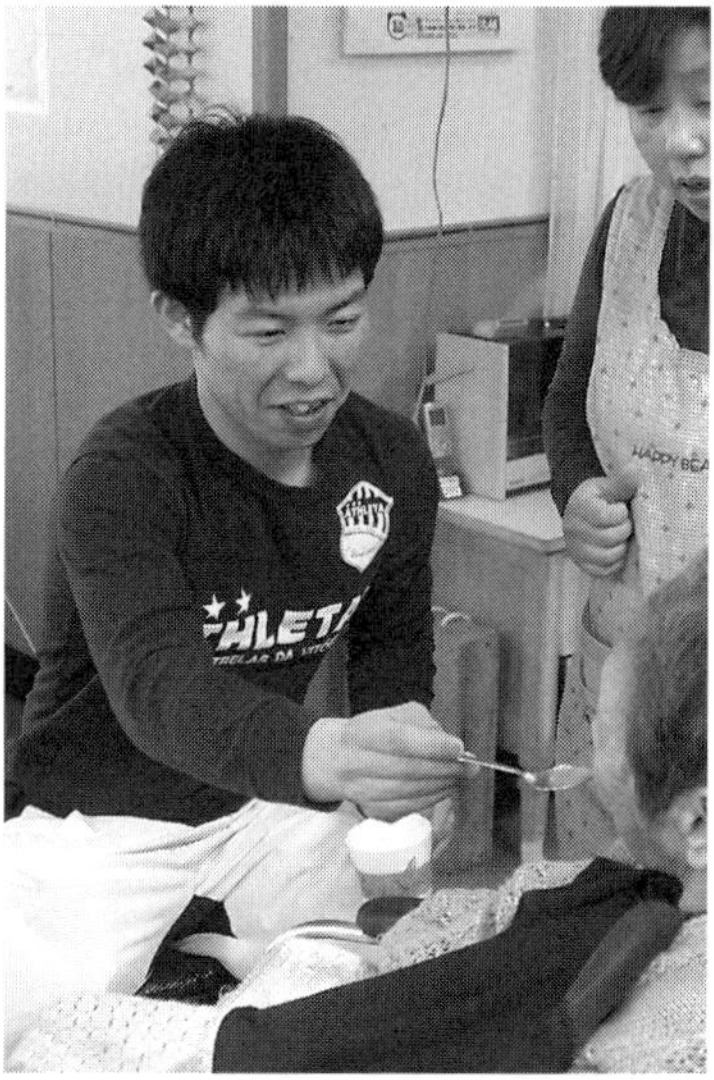

食事介助する葛西さん（左）。豊かな食がもたらす力を信じている

普通食に近付けていく。「ご飯も一人一人の口に合う硬さに調整する」

前年7月から始めた入所者全員の普通食化。葛西さんは、職員34人を束ねるリーダーを任された。

食の「常識」を覆す―。

介護士5年目での大役。やる気と不安が交錯した。

職員1年目のとき、胃ろうの女性を、普通食に戻す取り組みに関わった。目に見えて回復する姿に、食の力を感じ取った。「不安な職員もいる。どう進めるべきか」

入所者一人一人の食の改善計画を立て、変化を細かな記録で共有した。「どうしたら食が進むのか」。看護師ら先輩職員の声に耳を傾けながら、折に触れ考えを出し合った。

刻み食から普通食に戻った男性(89)は「歩きたい」と言い始め、車いすから歩行器に変わった。おかゆがご飯になった女性(82)は、かむ回数が増え食べる量も増えた。手応えを感じるたび、職員の気持ちは前に向かった。

12年4月初め。看護・介護職のミーティング。「普通食化を通じて、入所者の生活がよい方向に向かっている」。葛西さんの声が弾んだ。ほかの職員も続く。「口が開くようになり発音がよくなった」「元気に歩き回る」

意見もぶつけ合う。明太子やふりかけで食を促す介護士の提案に、看護師がくぎを刺した。「医師から塩分制限を指示された人もいる。守らないと命に影響するという細かい配慮を忘れないで」

食べてほしいとの願いと、食べさせて大丈夫かとの不安。揺れながら、日々、工夫を重ねる。

普通食化を始めて8カ月。入所者51人のうち、ほぼ9割が1食でも普通の食事を口にするようになった。希望を聞き、うなぎなど外食に連れ出したり、出前をとることもある。

入所者の満足げな笑み。「楽しい食事は、生活を豊かにする」。葛西さんの顔もほころんだ。

施設長の佐々木剛さんが目を細めた。「今後ますます高齢者は増える。私も68歳。その人らしさを最期まで支えられる新しい介護の形、体制を若い人たちの力でつくっていかないと」

頼もしさを増した背中に、優しい未来を重ねている。

2　「できること」に気付き

口に含んだゼリーを飲み込むと、涙がほおを伝った。

「苦しいの?」。娘から尋ねられた母は声を詰まらせた。「ずっと食べたかった…。おいしい」

11年暮れ、リハビリを専門とする那須塩原市の県医師会塩原温泉病院。入院していた壬生町落合1丁目の北村洋子さん(78)は、脳梗塞で倒れて以来、8カ月ぶりに食べ物を味わうことができた。

長女岡本恵さん(52)の目にも涙があふれた。取り戻した飲み込む力。「ありがとうございます」。見守っていた十数人の看護師やリハビリスタッフ一人一人に頭を下げた。

生死の境をさまよった。「だめかもしれない」と諦めかけた時さえあった。胃ろうなどで栄養をとってきた。口から食べる日常を取り戻した。

脳梗塞を発症したのは、11年4月。自宅で倒れ、救急車で近くの大学病院に運び込まれた。気管を切り開き管を入れ、人工呼吸器を付けた。栄養を入れる管も鼻から通した。

「命の危険がある」。医師に告げられ、最悪の事態が頭に浮かんだ。後悔が胸にこみ上げた。「けんかばかりしていた。もっと親孝行しておけば…」

一命を取り留めたが、病院で寝たきりの生活が始まった。

季節は夏に向かった。冷房の効いた病室でも蒸す日があった。恵さんはうちわでそっと風を送った。

あるとき、母の手元にうちわを置いた。洋子さんは、右手でうちわの柄をつかみ、ゆっくりと自分をあおぎ始めた。もうろうとし、目を開ける時間さえ少ない状態が続いていた。言葉も出ない。

恵さんは驚き、そして、気付いた。「まだ、できることがあるんだ」

「もっと体を動かせるようになってほしい」「もう一度、口から食べてほしい」。希望は膨らんでいった。

濃厚な治療が終わり、6月に転院した。食べ物が誤って気管に入り肺炎を起こさないようにと、食べるリハビリは行わなかった。

倒れる前、味わうことにこだわる一面もあった。30代から糖尿病を患い、摂取カロリーは制限されていた。好物のフライドチキンのために、一食抜くこともあった。

入院生活は4カ月を超えた。「手のリハビリなど家でもできることはたくさんある」。認知症もある。自宅療養を望んでいるかは分からなかったが、恵さんは思いを病院に伝えた。

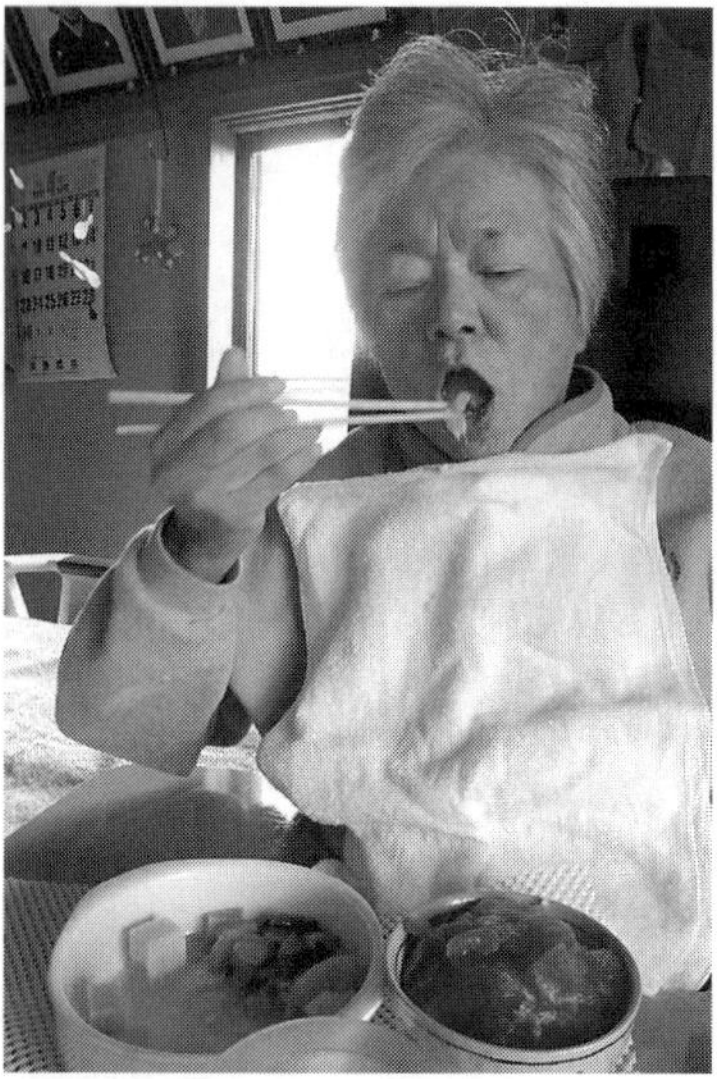
劇的は回復をみせ、自宅で食事を楽しむ北村さん。しっかりとした箸使いで、手を借りる場面はほとんどない

「自宅に帰るなら、胃ろうを付ける手術を受けた方がいいですよ」。担当医から勧められた。栄養を送る鼻の管に、わずらわしそうなそぶりをみせていた洋子さん。恵さんは「おなかに穴を開けるのは少し怖い」と躊躇したが、胃ろうを使い自宅に戻

ることを決めた。

退院して1カ月たった10月。「リハビリを受けてみませんか。口から食べられるようになるかもしれません」。訪問診療していた壬生町中央町、在宅医前原操医師(64)が提案した。自宅に戻り、洋子さんはわずかに言葉を口にするようになっていたが、「食」へのリハビリは不十分だった。

塩原温泉病院への入院が、劇的な回復につながった。

認知症にも改善の兆し

母の今を伝える声は弾んでいた。

「もう胃ろうは使っていません」。箸でつまんで何でも食べられる。

12年4月16日、北村洋子さん宅。訪問診療した前原医師は、長女恵さんの言葉に大きくうなずいた。

前年春に脳梗塞で倒れ、胃ろうなどに頼った。不十分だった「食」のリハビリに取り組むため、4月初旬までの半年、塩原温泉病院に入院した。

「血圧もね、ちょうどいい」と穏やかな口調の前原医師。認知症がある洋子さんは入院前、目を閉じた時間が長く、問い掛けにも反応が鈍かった。寝たきりで言葉も出ない。そんな姿がうそのようだった。

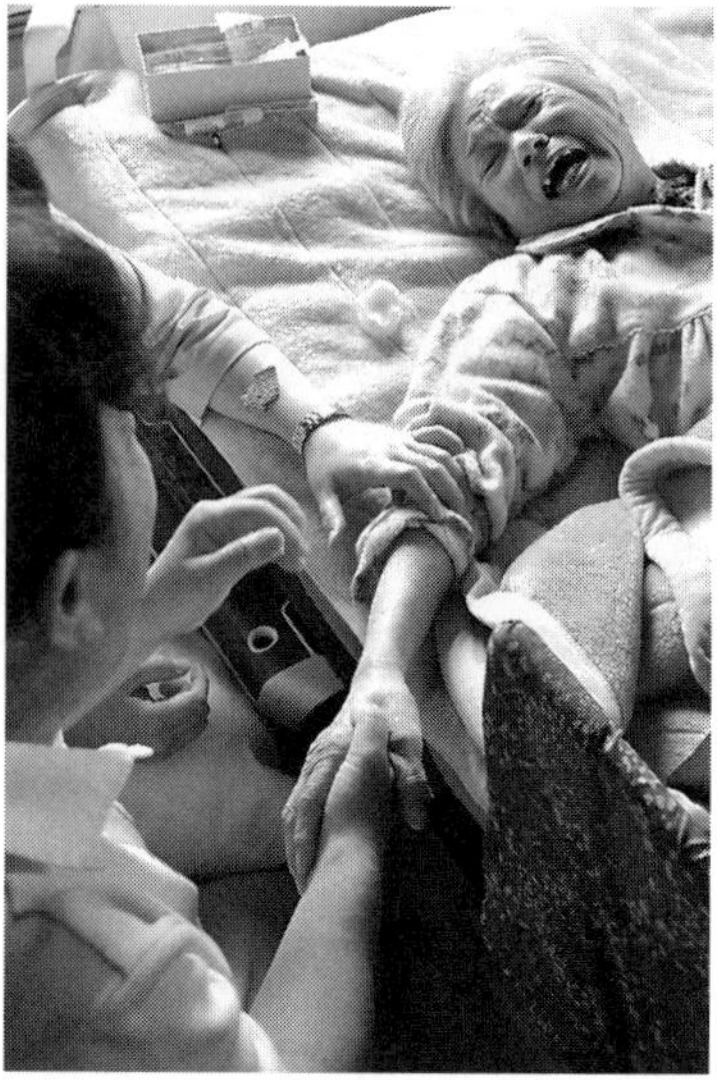
「せんべい」。採血の準備を待つ間、訪問看護師と言葉を交わしながら笑顔をみせる北村さん

「せんべい」。診療中、洋子さんが少し唐突に食べ物をねだった。採血の準備をしていた「とちぎ訪問看護ステーションみぶ」の長田さよ子さん(46)が前原医師に尋ねた。「先生、いいでしょう? 家に帰って来たんだから、食べたいものを食べなきゃ」。前原医師は首を縦に振っ

た。「いいよ。でも糖尿病があるから、1日1200キロカロリーは守ってね」

11年10月、温泉病院で水を含んだスポンジでのどや舌を刺激するリハビリを始めた。「豆腐」「ウニ」「イクラ」。数週間で好物の名前が次々と出る。退院するころは、3食とも口から味わえた。

入院中、心に響くことがあった。

「あきちゃんって、お知り合いにいますか?」

リハビリを担当する言語聴覚士が、恵さんに尋ねた。恵さんの長女明子さん(28)のことだ。出産後、体調を崩した恵さんに代わり、洋子さんが明子さんの育児をした。

そんな記憶を呼び起こしてか、「あきちゃん」をよく口にする洋子さん。言語聴覚士には「ものごとを認知する力が戻ってきた」と映った。

「エビ。天ぷら。みそ汁おいしかったー」

12年4月23日。洋子さんは、自宅ベッドの上で、味を思い出したかのように笑顔を浮かべた。

身ぶり手ぶりを交え、一生懸命に話し掛ける。2日前、1年ぶりに出掛けた家族での外食の様子だ。

「お母さん、すごい!」

恵さんが思わず声を上げげた。亡くなった父も認知症だった。認知症は「新しい記憶から失われていく症状」と本で学んだことを思い起こした。洋子さんが楽しそうに口にするのは、その新しい記憶だ。

「言葉が戻ってきたころ、会話の9割はかみ合わなかった。今は半分くらい通じているかな」

車いすに座るとすっと表情が引き締まる。上手な箸使いで、ご飯粒をつまむ。

食べることで「できること」を取り戻していく母。近くお気に入りの美容院に約1年ぶりに出掛ける。「細くてもいいから、長く食べることを楽しんでほしい」。ささやかな願いを胸に秘めている。

支え合うまちへ

超高齢社会は、「現役世代が支え、高齢者は支えられる」との発想では立ち行かない。医療・介護ばかりではなく、市民やボランティア、事業者、時には高齢者同士が手を取り合っていく社会、地域への転換が求められている。「支え合うまち」や、その中で生き生きと暮らす人たちの姿などを追う。

1 「肩車」の担い手たち

「社会をつくってきた上の世代を支えたい」とは思う。しかし、「今の気持ちとしては、就職しても年金保険料を払いたくない」。

「社会保障と税の一体改革」が、国会で審議入りした2012年5月。宇都宮大国際学部3年の加藤ジオランデルさん⑳はニュースに触れるたび、考える。

現在の社会保障は現役世代3人で高齢者1人を支える騎馬戦型。今後、1人が1人を支える肩車型へと向かっていく。加藤さんは「肩車」を担う世代だ。

日本人の祖父を持つフィリピン人。実家は佐野市にある。フィリピンで生まれ、7歳の時、父が仕事先として生活していた同市に、母と姉、弟とともに母国から移住した。

保険料を払いたくない理由に思いをめぐらす。

日本の社会保障制度が行き詰まっていることは分かりきっている。それなのに活路さえ見いだせない国会。無関心な人も多い。その代表例、年金も支える人、支えられる人、国が思いを一つに運営していく制度のはずだが、現実は違うと映る。

「今の制度は年金とは呼べない」

支え合う大切さは身にしみて知っている。

工場などで働いてきた両親。苦しい家計の中でも、3人の子どもを育て上げた。佐

カフェ「ヴィマラ」で地域の男性と談笑する加藤ジオランデルさん。(左から3人目)

野高在学中の加藤さんにとって、進学でなく就職は現実味のある選択肢だった。

「580万円で大学4年間を買ったんです」。5月26日、大学近くのカフェ「ヴィマラ」。加藤さんはカウンターの中から切り出した。学費やアパート代など学生生活の費用はすべて月12万円の奨学金で賄う。就職後、20年以上かけて返済しなければならない。

空き店舗を活用し土曜日ごとに開くカフェ。加藤さんが代表を務める学生国際協力団体「リソース・ネットワーク」の活動の一環だ。インド女性の自立支援を中心にした学生による国際協力。日本で販売するインド女性手作りの品々を、毎春、買い付けに行く。カフェは活動を知ってもらう場だ。

人とのつながりや組織運営…。一般的な学生生活では経験できないことを積み重ねている。「今は自分を高めることに専念したい。勉学はもちろん、プロ意識を持ってあらゆることを学ぶ」

「青写真」がある。いずれはフィリピンの経済を学び、現地で日本語学校を経営する―。貧富の差が大きい母国と比べ、日本に感じる魅力は数知れない。人柄の温かさ、生活や教育水準の高さ。「フィリピンの人材が日本で活躍し、本人も、日本も豊かになれたらいい」

そんな目標を聞いた団体仲間で農学部3年の小幡玲奈さん(20)は、胸を突かれた。「私たち日本人が目を背けがちな現実を直視し、その先を見ている」

「何となく明るい展望を持てない」。不安がまん延する日本に危機感を覚える加藤さん。「人材が海外に流出し社会が力を失ってしまうかもしれない」

ビジョンを実現するには前提がある。加藤さんは言い切った。「日本が魅力を持ち続けることです」

それは私たちが幸せな「終章」を生きられる未来に通じている。

地域で活動　世代超え

50歳近く年上の「生徒」に向き合う。

12年5月22日、宇都宮市一の沢1丁目の民家。

「be動詞は『イコール』と同じ意味と考えたら幅広く使えますよ」

加藤さんは、民家のあるじ須田山孝さん(68)に英会話を教えている。

地域を舞台にした活動が2人を結びつけた。

出会いは前年夏、同市内のイベントだ。加藤さんが代表を務めるリソース・ネットワークのブース。国際交流と支援の活動内容に惹《ひ》かれた須田山さんは、英語が堪能な加藤さんと知り合い、「先生」役を頼んだ。

須田山孝さんの自宅で英会話を教える加藤ジオランデルさん（右）

10年春まで、団体職員として働いた須田山さん。第一線にいたころ、外国人留学生のホームステイを数多く受け入れた。退職後、帰国した留学生を訪ねるたび「自分で意思疎通できたら、どんなに楽しいだろう」と感じた。「若い人のエネルギーを吸収しながら英語を勉強したい」と、思い描いていた。

秋から週2回の「教室」が始まった。1回1時間で1千円。加藤さんにとって額はあまり問題ではない。「長い人生経験を踏まえた須田山さんの話は本当に興味深い」

宇都宮大近くのコミュニティーカフェ「ソノツギ」。まちづくりを目的に同大生らが日替わりで出店する。

12年5月。「おうちごはんカフェ蓮家《はすや》」が開かれた。「どうしたのかな」。代表で教育学部3年の玉手優子さん(20)が気を留めた。店の前で近くに住む80歳代後半の小柄な女性がたたずんでいた。店を何かと気にかけて声を掛けてくれる人。困り顔に見えた。「配達を頼んだお総菜が届かない」と言う。

玉手さんは、女性が1人で暮らす自宅に一緒に行ってみた。テーブルわきには、お総菜と領収証。女性は認知機能が弱っている様子だ。畳にちょこんと座った女性に「おばあちゃん、ほら、ここにあったよ」と優しく語りかけた。

別の男子学生は、「テレビが映らない」と頼まれ、変わってしまっていた設定を直したことがある。

女性は時折、口にする。「ご近所さんはいいね」

玉手さんは、女性が顔をみせないと気掛かりになる。高校時代まで福島県で過ごし、宇都宮になじみはなかった。地域の人たちのつながりは「この場所にいてよかった」

と思わせてくれる。

加藤さんと須田山さんの「英会話教室」。

休憩時間は須田山さんが「先生」だ。コーヒーを入れながら「学生同士の付き合いだけでなく、例えばタキシードを着るような場にも出掛けるといいよ」とアドバイス。加藤さんから笑みもこぼれる。

須田山さんは「仕事を辞めて私の年になると、もう若い人に相手にしてもらえないと考えがち」と打ち明ける。加藤さんとの触れ合いは新鮮だ。「自分がまだまだ社会の一員」と心が弾む。

加藤さんはうなずく。年配の人は遠い存在だったが、今は実感する。「同じ社会の中で生きている」

誰もが支え合うことが求められる超高齢社会。地域の中でともに歩む一体感が育まれている。

2 見つけた自分の可能性

ゆったりとした雰囲気が漂う。12年5月26日、宇都宮市鐺《こて》山町。初夏の優しい木漏れ日が民家のリビングに差し込む。

あるじの松田節子さん(69)はにこやかに、お手製のイチゴのババロアとコーヒーをテーブルに差し出した。「この手作り感がいい。甘さは控えめですしね」。女性3人で訪れた同市、会社員阿久津節子さん(50)がほおを緩めた。

松田さんが営む自宅カフェ「ぱうだあ」だ。話は弾む。松田さんはお客が話すと聞き役に、会話が途切れると言葉をつなぐ。

予約制、季節のフルーツを使ったヨーグルトムースなどを手軽な値段で味わえ、飲み物も楽しめる。日に受け入れられるのは12人ほど。持ち帰れるパウンドケーキも人気がある。

年金をもらえる年代。しかし事情が重なり受給できない。趣味の洋菓子作りを生かし、「生きる糧」を得ている。

自宅カフェで手作りのデザートを楽しんでいるお客と談笑する松田節子さん

月に1回ほど足を運ぶ阿久津さん。「松田さんは年上なのに、不思議と元気をもらう。前向きさに癒やされるんですね」

経済的に苦しい時期もあった。それでも「絶対無理なことなんてない」。松田さんは生き抜いてきた。

38歳で離婚し、女手一つで娘3人を育て上げた。次女居上光世さん(37)は幼いころの記憶をたどる。「母は明るかったし、旅行にも連れて行ってくれた。片親だから、と感じたことはなかった」

子どもに苦労をみせず、がむしゃらに働いた。薬の配送、保険の外交、居酒屋など昼夜を問わなかった。好景気の時期に、収入は増えたが、暮らしぶりは変えなかった。そんな中でも続けた洋菓子作り。光世さんは友達の家に行く時、よく手土産に持たされた。いつも「おいしい」と褒められたことが誇りでもあった。やりくりしながら、約20年前に自宅を手に入れた。苦境を耐え抜いたことが、今の前向きさにつながっている。

09年初めに転機が訪れた。「お店をやってみたら」と勧められた。腕前を聞きつけた光世さんの知人が、同市平松町のコミュニティーカフェ「ソノツギ」を紹介してくれた。ごくわずかな費用で出店できるコミュニティービジネスの支援拠点だ。宇都宮大の学生や地域の人が日替わりで店を出す。

月2回、「ぱうだあ」を開いた。お金を対価として品物を提供するのは初めての経験だ。評判は上々。特技を生かし、地域の中で収入を得られる可能性に気付いた。

10年秋、自宅での営業に踏み切った。近くの農産物直売所にも洋菓子を陳列する。

多趣味な松田さん。客の好みに合わせて安い値段で布製バッグも縫う。収入は月6～7万円だ。蓄えを崩さなくても、日常の暮らしを守っていける。「人間だからお金はほしいですよ」と松田さん。「でも、それだけじゃない」

お客においしい食べ物とともに、豊かな時間を過ごしてほしいと願う。それは住み慣れた地域で、自分のペースを保てる穏やかな時間でもある。

「生きているうちは好きなことやりたいでしょ」。そう言って、いつもの笑みを浮かべた。

3　89歳の住み替え

10年ぶり、89歳での住み替えだった。

「いいね。なんとなく」

12年5月11日、宇都宮市宝木町2丁目のワンルームアパート。女性ヘルパーの介助を受けた風呂上がりのひととき、車いすに腰掛けた中村弘さん(89)は、新しい住まいを

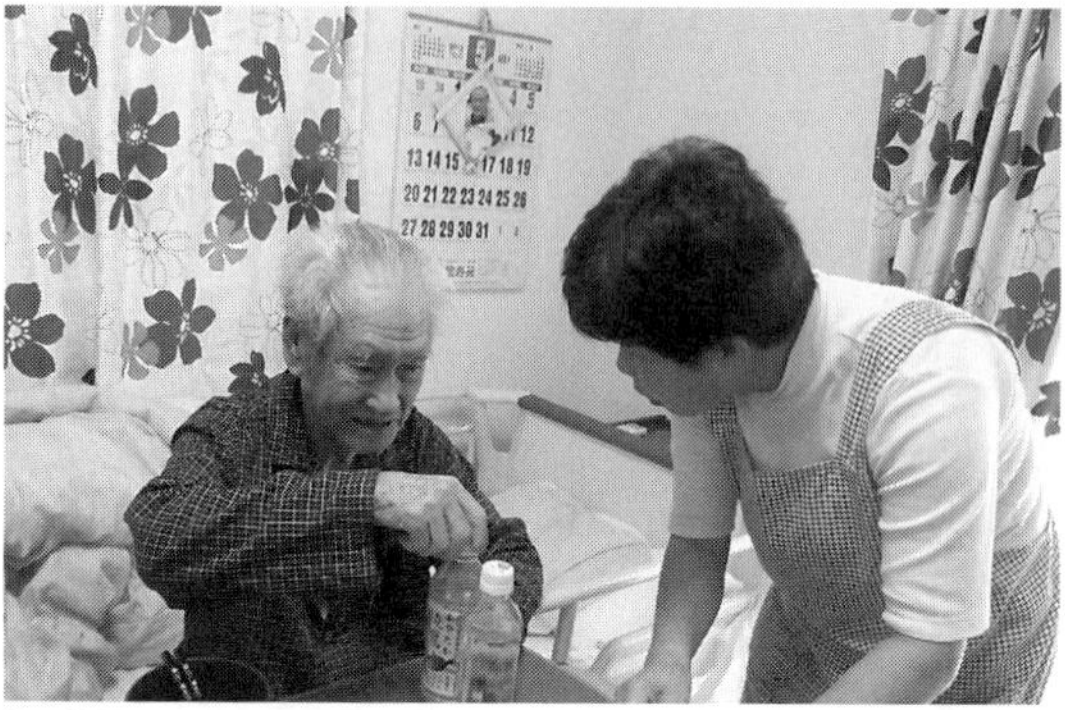

「お薬飲みましょう」。新居でも、女性ヘルパー（右）が中村弘さんを気遣う姿は変わらない

眺め短くつぶやいた。

テレビの横には赤い引き出し、食器棚はベッドの奥…。使い慣れた家具は12年2月下旬まで暮らした市営住宅の自室と同じ配置で並ぶ。

「あまりにも部屋の様子が変わると、ショックを受けるかもしれませんから」と担当ケアマネジャーの中條民子さん(62)。転居を契機に、高齢者がそれまでできていた日常動作ができなくなることもある。

「なんとか、なじめたみたい」。中條さんは胸をなで下ろした。

住み替えには理由があった。

2月下旬、中條さんは中村さんが住む市営住宅を訪れた。呼び鈴を鳴らしても姿をみせない。「中村さん、開けて」。扉の前で、何度も呼び掛けると、室内からかすかに声が聞こえた。「う、ご、け、なーい」。窓からのぞき込むと、風呂場に倒れている中村さんが見えた。急いで訪問ヘルパーステーションに合鍵を取りに向かった。

扉と浴槽の間にある数十センチの隙間に体をはさまれ、身動きが取れなくなっていた。脱水症状を起こし、挟んだ右手の指2本と右足は腫れあがった。近くの宇都宮協立診療所で約2カ月の入院生活を余儀なくされた。

足腰の力が弱まり、階段から転落するなどのけがを重ねてきた。風呂場でのアクシデント以来、つかまり立ちできるのがやっという状態に悪化し、要介護度は2から4に上がった。それでも一人暮らしにこだわる中村さん。だが古い市営住宅は段差があり、移動するにも手狭だった。「これ以上、ここでの生活は無理」。中條さんは新居を探した。

退院前、2人は段差が少ないワンルームアパートに足を運んだ。「ああ、いいね」。中村さんの一言で入居を決めた。

5月下旬、宇都宮協立診療所の電話が早朝を含め頻繁に鳴るようになった。

「足が痛いんだよ」

中村さんだった。主治医で、訪問診療も担当する関口真紀《まさのり》医師(57)が様子をうかがうと、安心して電話を切る。だが、しばらくするとまた電話が鳴る。そんな日が1週間ほど続いた。痛みの原因ははっきりしない。

中村さんは状態が落ち着くまで1週間入院した。

退院後、自宅のベッドで少し疲れたように横たわる中村さん。「病院はもういいや。家の方が自由でいい」。在宅医療や訪問介護を最大限活用し、自宅での生活を守ろうとしている。

「それでも」、と関口医師は思う。「環境が変わったことや1人でいる不安を、痛みとして訴えていたのかもしれない」

ヘルパーが夕方の訪問を終えると、翌朝まで家を訪れる人はいない。「医療介護以外で、地域住民とのつながりができれば…」。関口医師は、地域で生き抜く処方箋に思いをめぐらせた。

4　住まい　新たな選択肢

湯船につかり、ゆっくりとタオルで体をふく。

「せっけんは10年以上使っていないんですよ。そうすると肌の調子がいい」。いつも通りの入浴スタイルを守っている。

12年5月26日、小山市羽川のサービス付き高齢者向け住宅（サ高住）「サンフレンズ小山」。1階に住む太田正七《しょうしち》さん(94)は、のんびりと朝湯を楽しんだ。

サ高住の構造はアパートやマンションと変わらない。違いは職員が安否確認や生活相談に応じてくれること。訪問診療や介護などの外部サービスは必要に応じて利用する。国の整備促進もあり、県内でも徐々に登録件数が増えている。

訪問ヘルパーの篠原清美さん(47)は太田さんの入浴に付き添うが、頼まれない限り、手は貸さない。「サ高住は介護サービスを受けるために入居する施設ではなくアパートですから。自宅と同じ。お好きなようにやってもらうんです」

車いすに頼る生活だが、週2回、エレベーターで2階のランドリー室に移動し、洗濯機を回す。飲み薬の管理も自分でする。日中は、自室でテレビを見たり短歌を詠む。週に何度か同い年の男性入居者と将棋を指す。悠々自適な暮らしを謳歌している。


テレビと小型冷蔵庫、洋服ダンス、トイレ…。20平方メートルほどの簡素な室内で、太田さんは、引っ越してきた当時を振り返った。

「家の都合もありましてね。私も足が弱く、自宅の部屋では、あまり動けずに過ごしていましたから…」

栃木市小平町の自宅では、息子夫婦と孫と暮らしていた。太田さんの世話をしていた孫が出産後、県北へ転居。息子の妻は介護が必要なため、10年秋、サンフレンズに住み替えた。

入居者約30人の中にも、家庭の事情で移り住んだケースが少なくない。サンフレンズを経営する飯嶋武夫社長(60)は、「核家族化で子どもと別居し、自宅での生活に不安を抱える高齢者は増えている。介護保険施設への入居を希望する待機者は多く、サ高住が当たり前の選択肢になりつつある」と感じる。

11年の冬に経験した「ぎっくり腰」。太田さんが頼る道具はつえから車いすに変わった。布団の上げ下ろしなど「できないこと」だけヘルパーの手を借りる。だから「不便は感じない」と言い切れる。

時折、生まれ育った「蔵の街」を思い出す。だが、「子どもたちに苦労を掛けずに逝ければいい」と願うのも本心だ。

車いすからゆっくりと立ち上がり、マイクを握った。「100歳まであと6年。みなさんとがんばっていきたいです」

12年5月中旬、サンフレンズ小山のスタッフと入居者が集まった誕生日会。飯嶋社長から記念品を手渡された太田さんは、大きな拍手に包まれた。

「ありがとうございます」。車いすから立ち上がり、誕生日会のお礼を述べる太田正七さん（左）

「長生きしてうれしい」。自立しながら、人のぬくもりの中で送る日々。「皆さんが祝ってくれる環境にいられる。素晴らしいことです」。散会後の会場で、しみじみと感謝の言葉を口にした。

自室にこんな短歌をしたためた紙がある。「スタッフのあつき介護を受けながら　静かな生活終《つい》の棲家《すみか》で」。ここで暮らし続ける気持ちは揺らがない。

「家庭」への挑戦

早朝の澄んだ空気の中、ゆっくりと車いすを押す。

「これがサザンカ」「カリンは少しずつ実が膨らんできていますね」「ああ、今年は梅の実がいっぱいなりました」

12年5月12日、サンフレンズ小山。職員による安否確認や生活相談の「見守り」は担うが、高齢者が自立して暮らすアパートだ。経営する飯嶋社長は、自ら丹精した庭木を指しながら、入居者の太田さんに語り掛けた。「天気がよくて気持ちがいい。また植木がいいね」。太田さんに柔らかな笑みが浮かんだ。

自ら母を看取った飯嶋社長。介護保険サービスを利用していたが、それだけで満足できないこともあった。「高齢者が幸せに過ごせる居場所をつくりたい」。10年6月、寝具販売会社経営の傍ら、サンフレンズをオープンさせた。

家庭の安心感を目指す。「『家』に『庭』と書いて『家庭』でしょう？入居者には四季折々の花や木を楽しんでもらいたい」。高齢者の朝は早い。早朝の散歩に備え、午前5時半から箒《ほうき》で掃き清めている。

10年秋、60歳代の女性入居者の体に異変が表れた。食後に嘔吐する。そんなことを何度も繰り返すうち、ほとんど食べ物を受け付けなくなった。病院で検査すると、胃に大きな腫瘍が見つかった。末期がんだった。

立ち上げから半年あまり。終末期を迎えた入居者を支えるノウハウはない。「退去のお願いも考えた方がいいのだろうか…」。頭を抱える日もあった。

不安を拭い去ったのは、訪問診療を担っている坂口敏夫医師(57)だ。女性は訴えた。「治らないなら、最期はここがいい」。坂口医師は、飯嶋社長を穏やかに諭した。「大丈夫。痛みは、医療用麻薬でコントロールできますから」。ともに最期の時間を過ごす覚悟を固めた。

年が明けた1月。女性は自室で穏やかに逝った。飯嶋社長と職員に、意識が芽生えた。濃厚な医療行為は行えず、すべての入居者の看取りは確約できない。「それでも、在宅医療と連携して看取れるならば、最期まで暮らし続けられるようにしたい」

11年春、庭の手入れをしていた飯嶋社長に、近所で一人暮らしをする80歳代の女性が声を掛けた。

「私も入りたいわ。でも家賃が払えないの…」

家賃、共益費、食費、介護サービス―。入居すれば、合計で毎月15～16万円の費用が掛かる。公的補助が少なく、建設費の返済などを考えると、やむを得ない家賃設定だった。「このままでは高齢者の行き場所がなくなってしまう」

入居者の紹介された特別養護老人ホームで、ケアマネジャーに掛けられた言葉が胸に残っている。「10万円位なら、すぐに入りたい人が何人かいるんですが…」。数年も待つ特養の入所待機者のことだった。

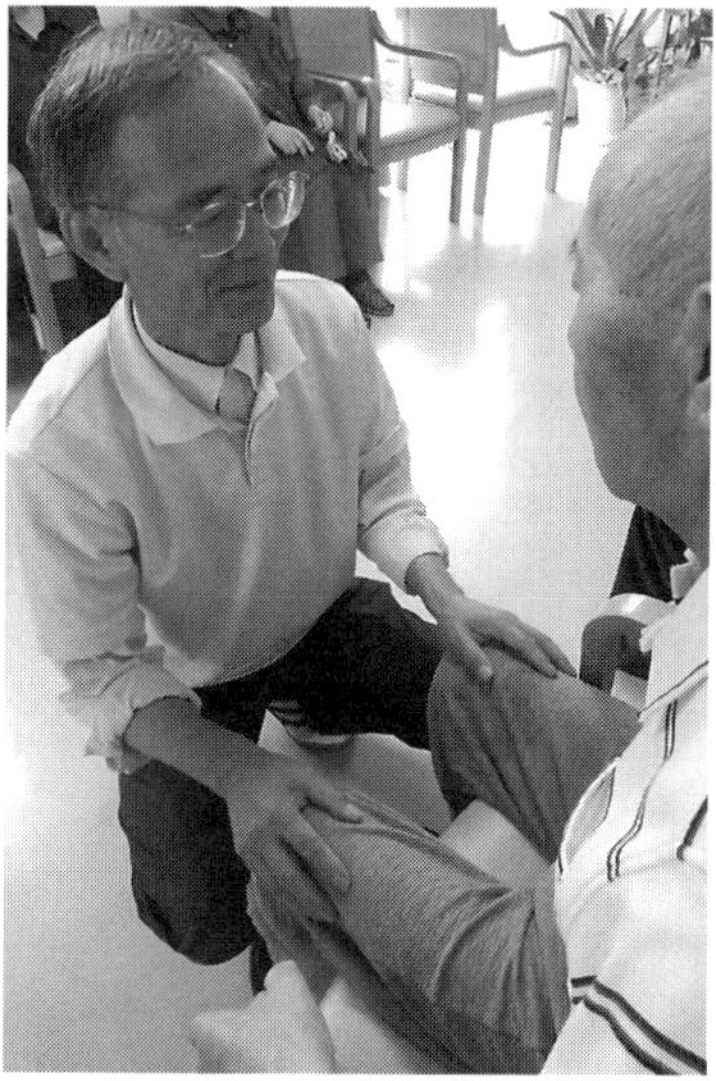

「おはようございます」。毎朝、玄関前に集まる入居者に声を掛けるのも飯島武夫社長（左）の日課だ

高い入居費用は全国的な傾向だが、飯嶋社長は今、入居費用を抑えたサ高住の建設に向かって動きだしている。

「介護保険の施設にも入れず、介護保険制度外のサ高住に入るには所得の足りない高齢者がいる。建設費などを見直してみます」

終の棲家への挑戦は続いている。

5 「つながる」への奔走

「主治医から『多忙な在宅医には頼みにくい』と言われてしまいました」

那須烏山市金井2丁目の訪問看護ステーション（訪看）あい。看護師横山孝子さん(47)は12年5月12日、すがるような思いでメールを送った。

県東部の中核病院を辞め、11日に「あい」を立ち上げたばかりだ。「年を重ね、病気になっても、住み慣れた自宅で最期まで過ごすという選択肢を示したい」。高齢化率が高い同市。24時間対応の診療所と訪看は県内で唯一なかった。訪看として「空白地域」

への挑戦だ。

「あい」の初めての利用者は70歳代の男性患者。がんなどを患い容体は重い。同市内での自宅療養を選んだ妻は、入院前のかかりつけ医の訪問診療を望んだ。しかし入院先の主治医は病棟の業務に追われ、つなぐことは難しかった。

メールの宛先は、県内外の在宅医療、介護職など約４００人が登録するメーリングリスト（ＭＬ）「在宅緩和ケアとちぎ」。登録者がメールを発信すると、全員に届き内容を共有できる。

翌日に反応があった。「お願いしたい医師にうかがうのが先。（主治医の判断を重視する）病院看護師の考え方を引きずっていては前に進めませんよ」

都内で「白十字訪問看護ステーション」を運営する秋山正子さん(61)だ。訪問看護の先駆者。ＭＬでつながり開業前に横山さんの研修を受け入れてくれた。

医師の指示を待つ自分がいた。胸をつかれる思いだった。

「いつからうかがいましょうか?」。女性開業医(61)の言葉に胸のつかえが下りた。

15日、那須烏山市内の診療所。横山さんは男性患者の妻と訪問診療を頼んだ。「急な用件は直接私の携帯に電話してくださいね」。2人に、開業医はほほ笑みかけた。

自宅で最期まで満足して過ごすには、医師だけでは立ち行かない。「市内で積極的に在宅医療に取り組む医師は限られている。多職種が手を携えなければ」。開業医も「つながる」の必要性を感じていた。

横山さんは秋山さんらにメールを送った。「本当に、情けないくらい、ひとつひとつです」

「参加してみませんか」。5月下旬。介護サービスを展開するJAなす南生活福祉課の吉本幸子さん(47)は、市内のケアマネジャーが集まる勉強会に横山さんを誘った。

高齢化に伴い、人工肛門や、おなかに開けた穴から栄養を胃に入れる胃ろうの利用者など、介護職では対応しづらい重度の在宅患者も増えた。「訪問看護とつながりたい」。

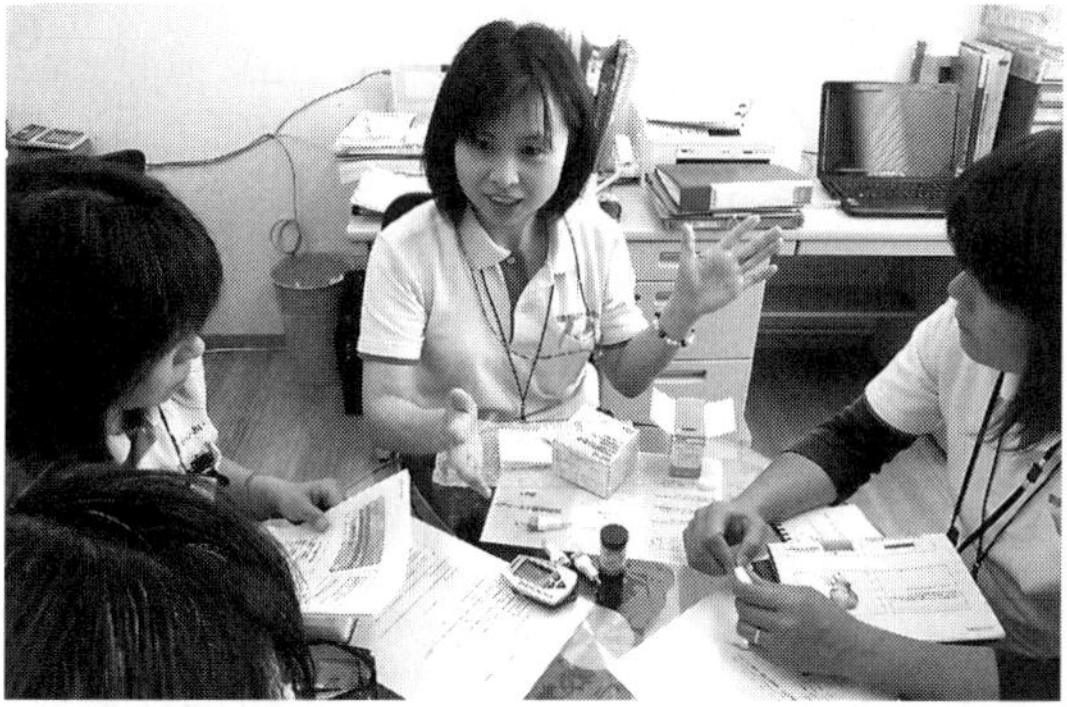
「あい」の同僚たちと打合せをする横山さん（左から２人目）。
医師との連携が必要なケースを細かく伝えた

勉強会メンバーたちの願いだった。

横山さんの思いも同じだ。「看護で床ずれの処置などができれば、家で安心して過ごせる患者も増えるはず」。介護サービスの調整役のケアマネジャーと連携できれば心強い。

「あい」の事務所の扉に1枚の紙が貼られている。「医師やケアマネジャー、地域の方々と連携し、利用者様と家族をチームで支援することを目指します」

「つながる」へ奔走する横山さん。「連携の未来図」の実現に向け、地域の医療、介護資源の背中を押している。

6　足して230歳の厨房

午前9時。合計230歳の厨房が動き出した。

「ねえ、乾燥昆布切ってもらえる?」「私、キャベツの千切りやるわね」

三角巾で髪を覆った手練の3人。テキパキと作業をこなす。軽快な包丁の音、グツグツと鍋が鳴る。

12年5月24日、那須塩原市太夫塚1丁目の商店街一角にある「街中サロンなじみ庵」。栄養に配慮した限定40食、500円の「おふくろの味ランチ」が名物だ。市内の65歳以上で会員なら300円で食べられる。この日は肉じゃがや煮豆、フライなどおかず5品を作り上げた。

煮焼きをこなした市内二つ室、伊沢延子さん(80)がフッとひと息つく。「おいしいって言われて、動いて汗かいて、ここに来るといいあんばいだね」

食堂経営の経験が買われ、開店時から厨房を任される。夫を10年前に亡くし、一人暮らしだ。「足が悪くて家じゃテレビの前で座ってばかりよ」

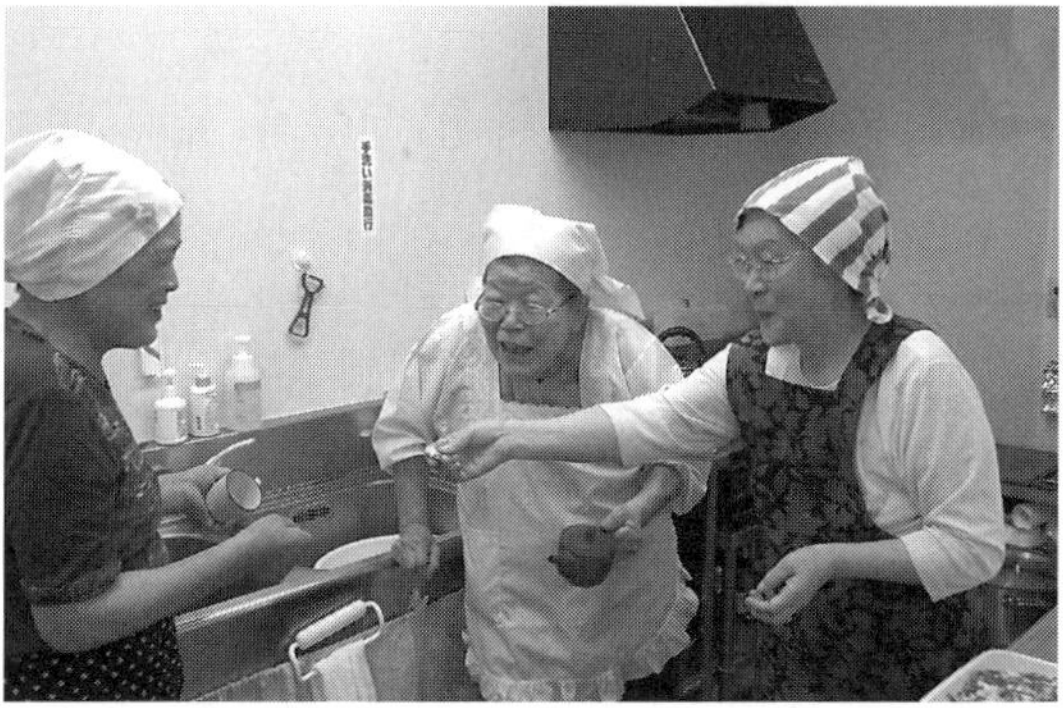

調理が一段落すると、明るい声が厨房に響く。左から若林さん、伊沢さん、志村さん

腰が悪い市内接骨木《にわとこ》、志村和生《かずえ》さん(80)が包丁の手を止めうなずく。「本当よね、ここなら長時間立っていられる。限界まで続けようと思って」。「家でポケッとしててもね」と市内三区町、若林サチ子さん(69)も笑った。

会員でもある3人はボランティアで調理にあたる。

ケアされる人から支え合う人へ──。

ＮＰＯ法人ゆいの里代表の飯島恵子さん(57)は思いを込め、05年になじみ庵を開いた。

約20年前から介護施設などの仕事に携わってきた。

「何の役にも立たない。早くお迎えが来てほしい」

そんな言葉を聞くたび、割り切れなさが募った。

16年前、民家を活用し「デイホーム」を設立した。一方通行のケアではない。認知症や障害があっても、料理や趣味などその人が持つ力を引き出し、日常を支えるケアに結び付けた。日を追って、その人らしさがよみがえった。

思いはさらに広がる。「高齢者は孤立や人前に出ない生活が続くと、弱っていく」。なじみ庵はそれを防ぐ、まちの「居場所」だ。

月会費200円。格安ランチで孤食を防ぎ、自由に集い、趣味や娯楽を楽しめるスペースも備えた。一人一人が主体的に活動する。

志村さんも5年前、その一人に加わった。

長野県から引っ越し、家にこもりがちな日々。夫は12年前に旅立った。ランチに寄ったある日、伊沢さんに目がくぎ付けになった。「あの年であんな風に働けるなんて」。大の料理好き。スタッフに「手伝ってみる?」と誘われ、ためらいはなかった。以来、週2〜3回厨房に入る。「あのまま過ごしてたら、駄目になっていたかもしれない」

午前11時半。会員らが一人また一人、なじみ庵ののれんをくぐり入ってきた。20席はすぐいっぱい。相席同士、自然と話の輪は広がり、箸が進む。配膳の手伝い、席の片付け。気も配り合う。

「1日誰とも話さないと寂しいよね。お弁当買ってもみんな同じ味に感じるしさ」。常連の一人、八木沢修二さん(78)がほおを緩めた。妻に先立たれ一人暮らし。食事をきっかけに仲間が増え、2年前、隣の大田原市からなじみ庵向かいのマンションに越してきた。

厨房で伊沢さんが何気なく口にした。「私はここに来て、ランチを作ることで寿命が5、6年延びたわね。不思議よね…」

みんなを結ぶ「足」

午前8時40分（伊）、47分（後）、9時05分（坂）、14分（三）…。運転席に乗り込み、名前の頭文字と迎え時間を書き込んだ自作の「運行表」に視線を落とし、頭の中でルートをたどった。

伊集院久志さん（右から２人目）は乗り降りが不安な会員を見守り、必要なときはそっと手を差し出す

地元の高齢者らが気軽に集う街中サロンなじみ庵。12年5月28日午前8時33分。なじみ庵会員、伊集院久志さん(71)は、初夏の青空の下、駐車場からゆっくりと送迎の白いワゴン車を発進させた。

運転中、車内時計をこまめに確認する。「分刻みでスケジュールを組むから会員さんに笑われることもあって。でも、暑くても寒くても道端で待つ人もいますから」

市内に住む65歳以上を会員とするなじみ庵。年齢層は90歳代までと幅広く、交通手段の確保が難しい人もいる。送迎は、広く、継続的な利用を支える大切な「足」だ。車はほぼ「定刻」で巡回する。「お願いしますね」「助かるわ」。会員が次々と笑顔で乗り込んできた。

運行は「無料」。伊集院さんは、それを可能にするボランティアの一人だ。

県北に本社がある大手医療機器製造会社の技術職として仕事に打ち込んできた。60歳で迎えた定年退職。「水泳と釣りでもして過ごそうか」。伴侶はいない。ぼんやりと描く故郷・鹿児島県での余生。近所のスイミングスクールに通い始め、友人と外出や会食を楽しむ日々を重ねた。

退職して4年を過ぎたころ、自宅マンション1階になじみ庵が開店した。野菜や魚中心のお手頃な「おふくろの味ランチ」が気に入り、会員に登録したのが、転機となった。高齢者の力を生かしながら運営するなじみ庵。ランチを作る年配女性も、趣味や娯楽に集う人も、互いを支えるボランティアとして活動する。

「送迎などを手伝ってもらえませんか?」。ランチに通ううち、主任スタッフの堀内陽子さん(53)から相談を持ち掛けられた。慎重な運転を自負し、ゴールド免許。「私にできることがあるなら」。午前の迎えを引き受けた。

現役時代に培った「ものづくり」の技も役に立った。窓の網戸作りや台所周りの整備、トイレの修理、歌声喫茶に使うカラオケ曲のパソコン編集…。「便利にしたい」。意欲がわいた。

「喜ばれるとうれしいし、自分も楽しい。こんないいことない」。地域で生きている—。確かな足跡をなじみ庵で刻む。

送迎は男性会員3人と女性ボランティア1人が携わり、半径10キロ圏内をカバー。

走行距離は1日90キロになる日もある。

午後。会員たちが帰宅を希望すると、食堂で新聞を読んでいた市内下永田7丁目、古賀利邦さん(70)がヒョイッと腰を上げた。送りの担当だ。

「みんなで和気あいあい過ごせる時間は大切でしょ。臨機応変に対応せんとね」。元大手メーカーの営業マン。定年後、運送会社で65歳まで働いた経験を生かしている。

「無償だから、本当に皆さんのためにという気持ちだけですよ」。堀内さんはかみしめる。

優しさを燃料に、みんなを結ぶワゴン車が今日もまちをひた走る。

「失う」痛み分かち合い

12年6月4日、街中サロンなじみ庵の外ベンチ。「おれ、97。数えでね」。市内三区町の渋井七郎さんはちょっぴり誇らしげに、立ち寄った男性に語り掛けた。

男性は応じた。「おれは92。なに、で、麻雀やんの?」

麻雀を楽しむ数えで 97 歳の渋井七郎郎さん（左から 2 番目）

「ほうだよぉ。ここで1番年上なんだよ。だいたい毎日来るね」と七郎さん。通い始めて3年がたつ。なじみ庵の午前中。介護予防の「転ばぬ先の知恵教室」、踊りを楽しむ会や歌声喫茶などが開かれる。「はい、ここからは男の時間だよ」。男性会員たちが、午前の部の終わりを待ちかねたように、わさわさと入ってくる。なじみの顔がそろい、手際よく麻雀卓を並べる。

ジャラジャラジャラ。「指先と頭を使う。ぼけ防止だよ」と七郎さん。「お医者にかかったことないんだ、おれ。ここはいいよ」

小さな紙を折り畳み、財布に入れている。

「二人の人生は大正、昭和、平成と生き抜いて」「残り少ない人生を助け合いむつまじく」

80歳の時、妻今朝美《けさみ》さんとの思いをつづった詩の一部だ。

70年以上をともに生きた妻を前年秋、90歳で亡くした。「電電公社」の技術者だった七郎さんを支えた今朝美さん。長女辻野静江さん(65)の目にも「仲のいい夫婦」と映った。

静江さんは4年前から、今朝美さんの介護のため同居した。七郎さんは、認知症もあり要介護度5の今朝美さんに寄り添い続けたが、突然の肺炎で帰らぬ人になった。

なじみ庵にも出掛けず、自宅に閉じこもる七郎さん。仏壇の前に座り込み、さめざめと泣き続ける。数週間、静江さんは、そんな姿をしばしば目にした。

「七郎さん、出て来てくださいよ」。なじみ庵のスタッフから気遣う電話が入った。

「誰にとっても年を取るのは初めて」と、なじみ庵を運営するＮＰＯ法人ゆいの里の飯島さん。「これまでできていたことを一つ一つ手放し、愛する人を亡くしていくことは大変なこと」

久しぶりになじみ庵に顔を出した七郎さんの表情は浮かない。ふいに涙ぐむこともあった。「私も妻を亡くしてね…」。同じ経験をした人たちが誰ともなく声をかけた。飯島さんは考える。「そんな触れ合いが、ゆっくりと心の傷を癒やしてくれる」

「うちのじいちゃんも行っているから、行ってみな」。七郎さんの自宅。板金工場を営む静江さんの夫信雄さん(73)は、なじみ庵を勧めた。相手は同級生の男性(74)。妻を亡くしふさぎ込んでいた男性は11年春から、つえをついて通い始めた。

今度はつえの男性が近所の男性(75)を誘った。「いいとこが、あんだよ」。近所の男性は、愛車のセダンでさっそうとなじみ庵を訪れる。

今、七郎さん、つえの男性、セダンの男性は「卓」を囲む仲間だ。

麻雀を楽しんだ夕方。セダンの男性が気遣った。「七郎さん、乗せて行くかい?」

なじみ庵のキャッチフレーズは「行きたい場所がある　会いたい人がいる」。いつもの居場所で、いつもの顔がつながっていく。

85歳のマスター

ガラス張りの店内が初夏の光に照らされ、昭和の懐メロがゆったり流れる。

12年5月下旬、街中サロンなじみ庵。ランチタイムが過ぎた食堂は、喫茶店に変わる。

「餅は餅屋って言うでしょう？　頼りにしてます」

主任スタッフの堀内さんは小麦粉を計量しながら、顔をほころばせ、軽く頭を下げた。

厨房でシフォンケーキ作りが始まった。

隣で年輪を刻んだ手が、ボウルの中の卵をきめ細かく泡立てていく。

「まさか、この年になってまたお店に立つなんて、思わなかったねぇ」

85歳の「マスター」。会員の市内五軒町、安斎二夫《かずお》さんが照れくさそうに笑った。二人のおしゃべりを隠し味に、生地作りは、ほのぼのと進んだ。

「でも安斎さん、以前はよく目を潤ませていたけど、元気になったよね」

5年前。店内を気にしながら通り過ぎていく年配男性が、ガラス越しに見えた。堀内さんが店を出て呼び止める。チラシで評判のランチを知り、足を運んだ安斎さん。「定食屋っぽくないな。間違ったかな」と戸惑っていた。

高齢者を会員として、誰もが集える「居場所」を掲げるなじみ庵。複雑な思いを抱えて訪れる人も少なくない。

丁寧に話を聞くことに気を配っている。

人けが引いたころ、向かいの席にそっと腰を下ろした。安斎さんが力ない声で切り出した。「実は、最近、妻を亡くしてね…」

肝臓の病気を患った妻の美栄子さん。看病のため、都内から市内に住む長女のもとに引っ越した。療養で温泉をめぐり、穏やかな日々を送った。旅立ちのとき、入院先の病室で妻の手をしっかり握り、ぬくもりを焼き付けた。77歳だった。

振り返る言葉は、おえつで幾度となく途切れた。

「おつらかったですね…。奥さまはどんな方だったんですか」。寄り添いつつ、夫婦が活躍したころに水を向けた。

85歳の「マスター」安斎二夫さん（左）と主任スタッフの堀内陽子さんは流れるような作業でシフォンケーキを作り上げた

都内の商店街で40年近く営んだ和菓子屋。あずきの質からとことん追究した。朗らかな妻は接客上手。常連は増え、夫が丹精した商品を売り上げにつなげた。

「疲れたら早めに店を閉めたいでしょ？　でも、妻は注文をとり続けてね。おかげで繁盛しましたよ」

涙顔は、次第に柔らかな表情に変わった。

会員となって通い始めた安斎さん。堀内さんはお店づくりの「先輩」として何かと相談し、頼った。

安斎さんは今、テーブルのセッティング、来客への細やかなお茶出し、ケーキ作りと生き生きとした表情で動き回る。「少しでも役に立てばね。商人だったからじっとしてられない」

「みんな『もったいない力』を持っている」。堀内さんはつくづく思う。得意なもの、培った技…。年輪には、大切なものが詰まっている。年を重ね出番がなくなった力を引き出し、生きがいにつなげ地域社会に還元する―。その「コーディネーター」としての役割を、強く胸に刻んでいる。

「ここは、みんなの『もったいない力』でできているんです」

発想の転換

「60年前の『私』は、何してました？」。12年5月22日、街中サロンなじみ庵。月に一度の「物忘れ知らず教室」が開かれた。

60歳代後半から90歳代まで、会員の男女23人が輪になって座る。運営するＮＰＯ法

「物忘れ教室」では多世代の笑顔があふれた。右から２人目が赤羽典子さん、左端が飯島恵子さん

人ゆいの里の飯島さんが投げ掛けた。「家出してた」「32歳。郵便局にお勤め」「20歳。つわりがひどくて」「矢板市の小学2年生でした」。互いの背景を知る。世代の違いに笑いも起きた。

飯島さんが続ける。「このころの日本の高齢化率は5、6％。子供がいっぱいいたの」。その高齢化率はすでに、23％を超えた。

それぞれの人生を違う場所で生きてきた会員たち。人間関係が希薄化した今、この場所で手を取り合う。

「あのまま家にいたら、介護サービスを受けていたかもしれないわね」。「矢板市の小学2年生」だった那須塩原市高柳、赤羽典子さん(67)はしみじみ振り返る。

57歳で脳梗塞。言語障害、左半身に後遺症があり人前に出るのが嫌になった。5年前、チラシで知ったなじみ庵。布草履教室に参加すると、温かく迎えてくれた。

転ばぬ先の知恵教室、切り絵や折り紙の会と、ほぼ毎日通い出す。次第に、吐息のようだった声は大きくなり、指もよく動くようになった。「互いに気遣い、ここは思いやりにあふれてる。楽しくって」。仲間のもとへ、片道40分ほどの道もつえをつきスイスイ歩く。


12年2月末、なじみ庵が存続の危機に揺れた。

05年、市の補助事業として開設。5年間は年間1千万円の補助を受けた。しかし、市財政は厳しくなり、減額を経て12年度は350万円を示された。

テナント代やスタッフ人件費、燃料費…。やりくりは困難だ。

少ない年金で暮らす人もいる。無料送迎がなくなり、月会費200円、ランチ

300円を大幅に上げれば足は遠のくだろう。

「通所介護施設への転換も考えては?」。安定運営へそんな提案も受けた。だが、飯島さんは「本末転倒」と言い切る。なじみ庵は制度ではなく、元気や生きがいを市民の手で生み出していく「居場所」だ。

後日開いた会員の集いで一連の経過を報告した。一様に沈んだ。「なくなっちゃ困る」「1人暮らしだからまた塞《ふさ》いじゃうよ…」

専従スタッフを1人に削り、開店日を1日減らし週休2日でやりくりする試みを始めた。

約2000万円。

要介護1の人が利用できる介護サービスの年間合計額だ。1割が本人、9割は税金など公的負担による。4、5人分でなじみ庵の1年分の運営費になる。

11年度の会員は約140人、平均78歳。介護サービスが必要なくなった80歳代、状態が悪化せず身の回りを自分でこなす90歳代。なじみ庵を通じて生き生きと生活する人は数知れない。

一方で、ケアマネジャーとして、体調や症状に目を配り、必要に応じ医療や介護の支援もつないできた。

飯島さんは知っている。医療や介護だけでは地域は成り立たない。「介護保険の隙間を埋める地域の居場所は、制度じゃないから柔軟な支援も可能になる」

老いや病をゆるやかに包みこめる未来のまち――。切り開く鍵が、そこにある。

第二章　超高齢社会のあるべき姿は

2025年問題を読み解く　東大・辻哲夫教授

つじ・てつお　1947年生まれ。東京大法学部卒業後、厚生省（当時）に入省。厚生労働省年金局長、保険局長、事務次官などを歴任。現在は東京大高齢社会総合研究機構教授を務める。

急速な高齢化は避けられない。老いや死に正面から向き合わず、支えを必要とする高齢者とともに暮らせない社会について、東京大高齢社会総合研究機構の辻哲夫教授（老年学）は「悲しく寂しい社会だ」と指摘する。認知症、医療を含めた在宅ケア、就労…。豊かな未来を築くためにクリアすべきハードルは数多く、それらは同じ社会で生きる現役世代の課題でもある。1950年前後生まれの団塊の世代が75歳を迎える2025年まで15年を切った。私たちは現実をどう受け止め、どう備えるべきか。辻教授に読み解いてもらった。

【国づくりのかたち】　国民負担増避けられず　福祉を経済の原動力に

誰もが安心し暮らせる社会には、年金・医療・介護などにかかる社会保障費の国民負担を引き上げ、福祉分野に回るお金を増やすことで、同分野の産業が経済をけん引するシステムが必要だ。一方、産業の国際競争力維持も大前提になる。

栄養状態や医療を受ける環境が向上したことにより、長生きが実現した。少子化は職業を持つようになった多くの女性の晩婚化などが要因とされる。いずれも経済発展のプロセスで生じた。

介護が必要な人の割合は75歳前後から急激に増える（グラフ①）。体が弱った時は、

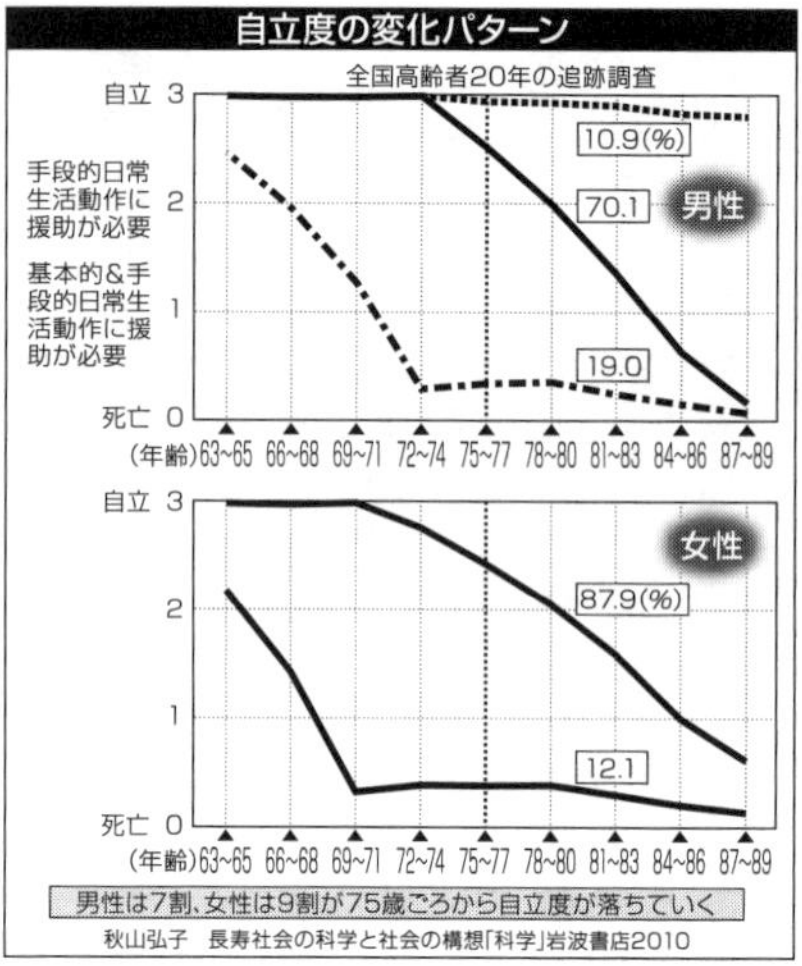

グラフ①

住み慣れた場所に医療や介護が届くシステムが欠かせないが、そのシステムを利用するために個人ではお金を負担できない。国民負担の増加は避けられない。

（国民に抵抗感が強い）負担増も、そのお金が医療や介護などに携わる労働者に賃金として移行し、その人たちの消費を呼び起こせば経済を刺激する。国が衰退していくことに直結しない。

「介護先進国」として知られるスウェーデンは、福祉施策に対する国民負担率が高いことで有名だ。国民所得の70％超（日本は40％）を福祉や子育てなどに充当しながら、一方で産業の国際競争力を維持し1人当たりの国民所得は日本よりも高い。

悲観的な言い方をすれば、日本では若い人は親が弱ったら落ち着いて働いていられない。実際、年代的に働き盛り世代の介護による離職は増えている。低負担高福祉を望む発想からの切り替えが不可欠だ。

【在宅ケア】「自宅で最期」阻む二大要因

高齢者の6割以上が「自宅で死にたい」との希望を持ちながら、半面、やはり6割以上が「それは無理だ」と考えていると言われている。なぜか。理由は「家族に迷惑がかかる」「病状悪化時の医療的対応が不安」という二つ。だが「自宅で最期を」という本音を隠すのは幸せなのか。

東京大高齢社会総合研究機構は、千葉県柏市などと共同で、同市の豊四季台団地で（医療・介護・予防・生活支援・住まいの）地域包括ケアのシステム化に乗り出している。

同団地は1960年代後半からの「ニュータウン」。柏市の救急搬送件数は高齢者が大半を占めており、今後も急増して、ピークの2025年は現在の2・5倍になる。どこかの時期に病院は収容限界を超える。救急搬送が増えることは通常の外来患者が減ることを意味している。だから開業医が在宅医療を始める準備をしなければいけない。地域の診療所が手を組み、24時間いつでも高齢者の元に駆けつけられる医療システムを構築し介護とも結びつけば、「家族に迷惑」といった二つの不安材料は取り除ける。同市では、そのモデルづくりをしている。

システム構築には地元医師会との連携が不可欠。そのためには、市町村長が強力に協力を求めなければならない。地方の医療行政を担う都道府県では、地域との距離が遠い。

【認知症】 理解深め「ともに生きる」

認知症は長寿化が進んだゆえに突きつけられた大きな問題だ。認知症が不幸だとすれば、「長生きできるようになったことが失敗だ」ということになりかねない。

認知症は、いわば加齢によって起きる知的な障害だ。誰もがなり得る。厚生労働省の推計では、2025年に65歳以上のほぼ10人に1人が認知症になる見通し。(偏見は強いが）ともに生きていくという価値観に転換しなければならない。

社会の理解が進まなかった場合、問題が大きくなるのは2次障害だ。まず、認知症そのものの症状として、自分の名前を認識できなくなるなどの症状が出る。周囲の人がその症状を責めたり、不安から認知症の人を隔離したりすれば、徘徊《はいかい》が悪化するなど新たな症状につながりかねない。

認知症の人にも恥じらいはあり尊厳は守られなければならない。本人の生活習慣などをありのままに受け止め接することが大切。かつてに比べれば、ハンディのある人を気遣う文化が生まれている。ともに過ごしていれば人の認識は変わるはずだ。


【生きがいづくり】高齢者の雇用創出　地域に貢献、介護予防にも

超高齢社会では、いい意味での就労の二重構造をつくっていくことが必要だ。

品質の高い製品を大量に生産して国内外に売るのは、バリバリの効率的な企業に任

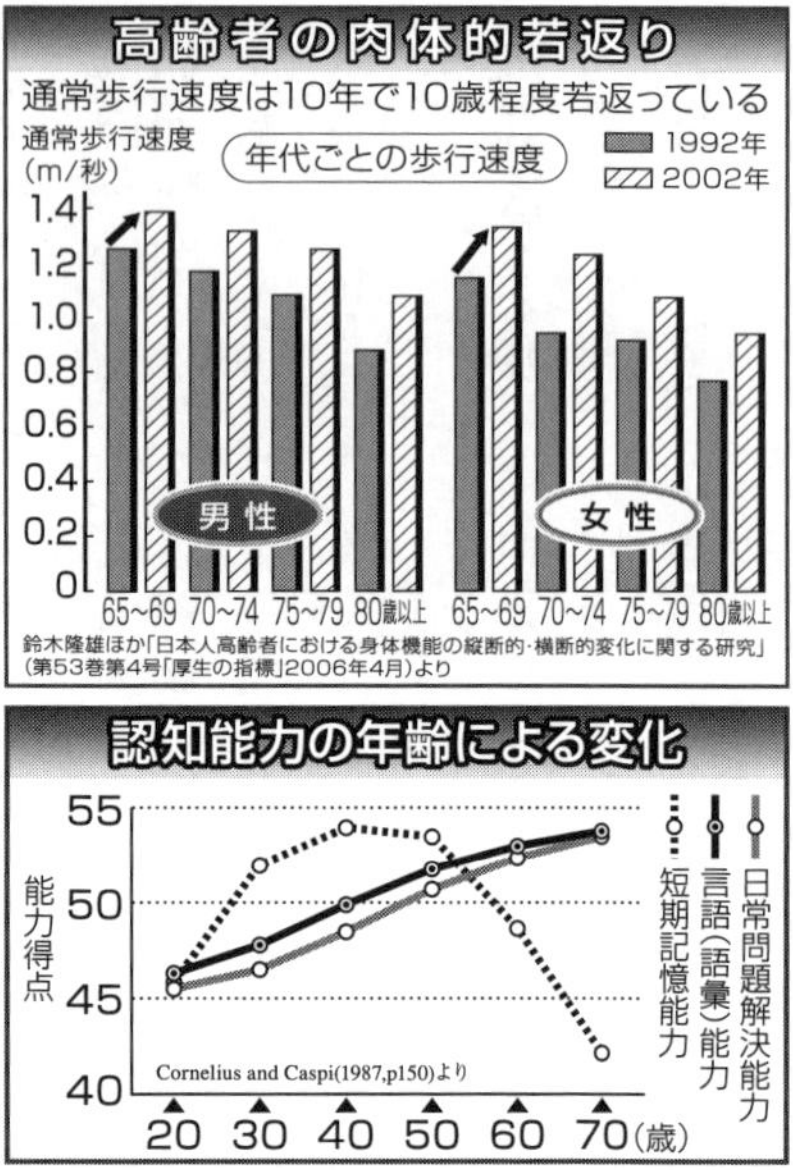

鈴木隆雄ほか「日本人高齢者における身体機能の縦断的・横断的変化に関する研究」（第53巻第4号「厚生の指標」2006年4月）より

グラフ②

せる。一方、地域に貢献できるコミュニティービジネスを高齢者に担ってもらう。高齢者は若返っている（グラフ②）。75歳くらいまで無理なく働ける場をつくるべきだ。

例えば、都市の中で野菜を作ったり地域の人たちが安心して利用できる地産地消レストラン、学童保育の運営などで一定の収入を得ながら、高齢者同士、地域の人たちとのつながりを持てる「生きがい就労」が必要だ。足腰を弱らせず介護予防にもなる。

日本人は働くことが好き。ボランティアや老人クラブ活動では、高齢者はなかなか外に出ない。こうした考えのもと、「柏プロジェクト」では、地域で働く場づくりも進めている。

【アジアの先駆者】「成功モデル」示せるか

比較的ゆっくり進んだ欧州型の少子高齢化と違い、急激なアジア型は日本がトップランナーだ。2025年問題への対応は、アジアの高齢化対策の試金石でもある。

09年の合計特殊出生率（1人の女性が一生に産む子供の平均数）は日本が1・37人。台湾は1・03人、韓国が1・15人と日本より低く、タイや中国も1人台の半ば。アジア諸国も日本と同じ道をたどる可能性が高い。病院依存や都市部の急速な高齢化も起きるだろう。既に中国では都市化した沿岸部に人が移ってきている。

日本が超高齢化時代の成功モデルを示せるかどうかが、アジアの将来を左右するかもしれない。失敗は許されない。

看取りの場どこに…　体制整わず「難民続出」か

「この47万人はどこへ行くのか」。２０１１年11月、東京都内で開かれた超高齢社会を考えるフォーラム。発表者だった国立長寿医療研究センター（愛知県）の鳥羽研二病院長は、「今後の看取りの場は？」と題したグラフ（グラフ③）を指し示した。

30年の全国死亡者数は約１６０万人と、05年の約1・5倍にまで急増する。うち約47万人の死に場所が、医療機関でも介護施設でも自宅でもない「その他」と推計されている。「その他」には入居機能を持たないデイサービス施設などが含まれ、多くの人が看取られる場が定まらないまま死亡することが懸念されるという。

推計の前提条件は、弱った高齢者が急増しても医療費抑制の観点から医療機関のベッド数は横ばい、介護施設のベッド数が倍増、在宅医療の浸透で自宅での死亡者が1・5倍に増加することだ。

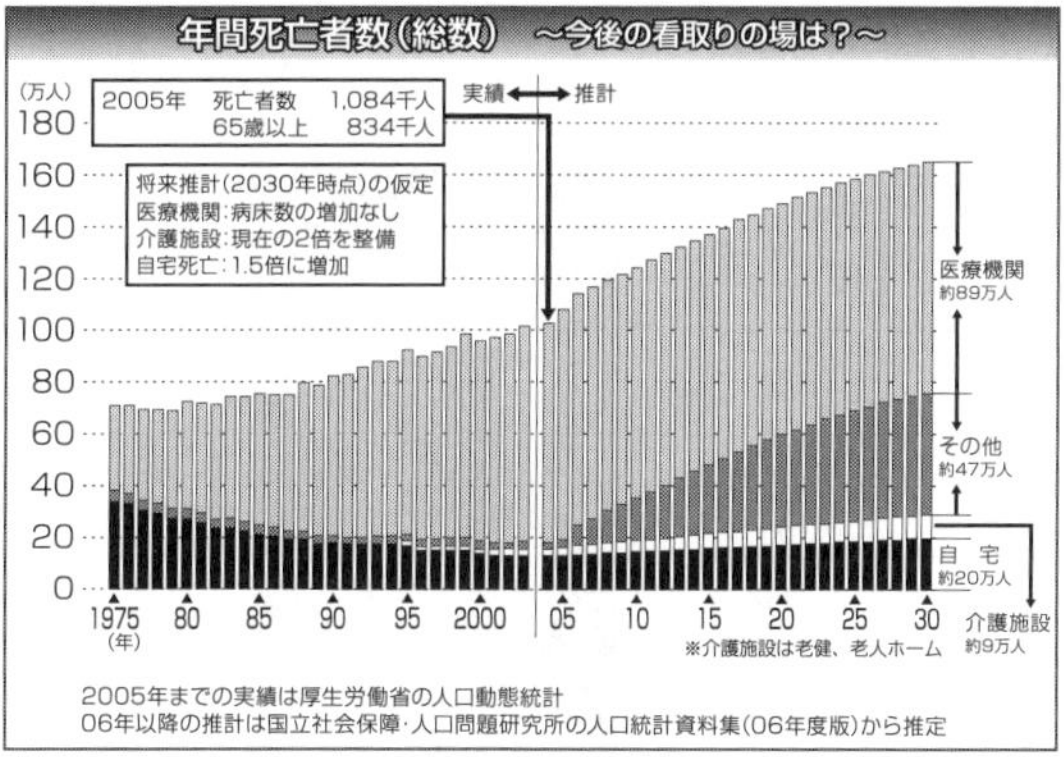

グラフ③

鳥羽病院長は「患者に『自宅で最期まで過ごしたい』との需要はある一方、実際の在宅看取りはあまり増えていない」。自宅での看取りを実現する在宅ケアの体制整備が追い付いていない現状を訴えた。

改正高齢者住まい法が11年10月施行され、国は、医療や介護が連携しサービスを提供する「サービス付き高齢者向け住宅」の整備を促進するなど対応に乗り出している。しかし実効性は未知数で「有料老人ホームなどが少なく、今後、大幅に増加させないと看取りの場所が追い付かない」との指摘は根強い。

(取材班)

生きざまを支える在宅ケア　医療法人アスムス・太田秀樹理事長

おおた・ひでき　1953年生まれ。自治医科大大学院修了。92年在宅医療を担う「おやま城北クリニック」を栃木県小山市に開設。医学博士。日本整形外科学会認定専門医。在宅ケアネットワーク栃木代表世話人。全国在宅療養支援診療所連絡会事務局長。

高齢社会がおしえてくれること

わが国の高齢化の特色のひとつに、高齢化が進む速さがあります。「高齢化社会」を迎えたのが1970年。65歳以上の人口が全人口の7％を超えると、「高齢社会」に向かうということで、そのように呼ばれます。その後高齢化率が14％となり本格的な「高齢社会」となります。

この間25年を必要としましたが、さらに高齢化率が7％上昇し21％超となり、「超高齢社会」となるまでの期間はわずか12年。現在の高齢化率は、なんと24％、約3000万人もの高齢者が暮らす国となりました。

この間、経済の高度成長などとあいまって、国民の価値観も多様化します。晩婚化、非婚化、ＤＩＮＫＳ（double income no kids：子供を持たずに夫婦で仕事をする）など家族の形態もさまざまです。そして、少子化に歯止めがかけられないまま、支えられる人たちが増加の一途をたどっているのです。子供が増えるのではないかと期待された第2次ベビーブーマー（団塊ジュニア）たちも、いまや40歳前後です。多くが、もはや子供を生む年齢ではなくなりつつあるのです。このような背景のなかで、3人に1人が高齢者となる世界に類をみない「極超高齢社会」が目前です。これは、いかなる国も経験したことがない「多死社会」の到来を意味します。

人は必ず人生の幕を閉じる

四苦八苦の四苦とは仏教の言葉で生老病死です。科学としての医学が未熟な時代には、人は老いて、病で命を終えていたことでしょう。ところが、医学は目覚しく発展して、iPS細胞（人工多能性幹細胞）から臓器を再生させる技術まで手にいれました。全人類がその可能性に注目していますが、生あるものの死は自然界の摂理です。不老不死は永遠の夢なのです。

日本人の3大死因というと、「がん」「心臓病」「脳卒中」でしたが、適切な医療が提供されると、救える命が格段に増えました。がんは早期に発見し、早期に治療が開始されれば、慢性疾患として捉えたほうがよいかもしれない状況です。心筋梗塞はステント技術が進歩してゴルフができるまでに回復させることが可能です。そして、2011年、死因の第3位が肺炎になったことでわかるように、脳梗塞は血栓を溶解する薬の開発によって救命率が著しく高まりました。しかし、救命できても麻痺を残して歩行が困難となったり、話す機能を失ったり、考える力が損なわれたり、不自由な生活を余儀なくさせられることも少なくないのです。

一方で「健康寿命」という概念がありますが、どれほど健康管理に努力し、健康寿命が長くなったとしても、認知症やロコモティブ症候群（足腰が弱る状態）など、長寿化に起因したさまざまな生活障害を避けることはできません。これらの事実は、高齢者の多くが、社会的な支援や誰かの介護を受けながら、一定の虚弱な期間を経て人生の終焉を迎えるということにほかなりません。

なぜ「地域包括ケアシステム」なのか

それでは、そろそろ命を終えると考えられる時期の適切な医療とはいったいどうあるべきでしょう。次のケースを考えてみてください。

検査のために入院したら、夜間せん妄（急激な環境の変化で精神状態が不安定となり、普段はみられない行動をとる）がおこって、検査もそこそこに退院した。

肺炎で入院したら歩けなくなった。

骨折で入院したら認知症が悪くなった。

このような出来事が日常茶飯に生じています。なぜなら、加齢に基づいて生じた健康問題を、従来型の入院や外来を中心としたヘルスケアシステムで解決することが困難になってきたからなのです。

近くの診療所に通院できた人も、年を重ねると歩行が不安定となり、誰かの力をかりないと普段の暮らしも難しくなります。そんなときの選択肢は老人施設で暮らすことだけではありません。「住みなれた地域で生活を継続し、畳の上で往生したい」と願うのは人々の素直な感情だと思います。このささやかな希望には、医療や介護の力だけで応えることができません。生活支援などの福祉サービスも、要介護状態にならないような保健予防も、そして、虚弱になっても住み続けることができる工夫がほどこされた住まいなどが、超高齢社会では求められるようになってきたのです。その人らしく、幸せに暮らし、安らかな看取りまでを包括的に支える地域ケアシステムが大切なのです。

高齢者の健康課題をふくめた暮らしの継続に病院など医療施設が主体的にかかわるのではなく、機動力ある医療・介護サービスをはじめ、さまざまな社会資源が有機的に連携して、あくまでも地域居住の継続を地域が支えよう。

これが「地域包括ケアシステム」の基本理念といえます。

出前医療20年　社会の変遷

私が在宅医療に力を入れる診療所を小山市に開設したのは20年以上も前のことです。当時は、バブル経済の名残りもあって、ゴージャスな老人施設が造られ始めました。足腰が弱ったり、認知症になったら、施設に入所するのが当たり前という風潮でした。そして、病気になれば、病院で濃厚な医療を施して一分一秒でも長く生かすことに、医療の意義や役割が大きく偏っていたような気がします。往診を受けている患者さんの老衰が進行して、そろそろお迎えが来る時期になると、「自宅で死なれては世間体が悪い」と、入院を希望される家族もまれではありませんでした。認知症の高齢女性が、まるで座敷牢のような環境で暮らしていることもありました。認知症が痴呆症と呼ばれていた時代です。「ボケは遺伝するから娘の嫁入りに差し障りがある」と言われたときは、たいへん驚きました。「重症者のデイサービスは手がかかるから」と利用を断られたり、看護師が勤務しているのに、尿の管がはいっているだけで拒否するショートステイ施設があったりと、介護を必要とする高齢者が在宅療養を続けるためには多くの障壁がありました。

時代は大きく変わっていきます。2000年には高齢者の在宅療養を社会全体で支えようと介護保険制度が誕生しました。その後、がん対策基本法、障害者自立支援法など、住みなれた地域での療養生活を支える法制度が整い、在宅ケアを推進する機運が高まってきました。

2012年の栃木県知事選挙で、福田富一知事は、訪問看護の普及や在宅医療の推進を後押しするとマニフェストに明記し、当選しました。それを受けて栃木県保健福祉部は次期の保健医療計画に在宅医療推進計画を具体的な目標を設定して盛り込みました。

また、下野新聞社は、「終章を生きる　２０２５年超高齢社会」と題した原則実名報道によるルポルタージュ記事を7カ月、49回にわたり連載しました。在宅ケアの質やその素晴らしさ、地域居住の意義など、生活者の視点での報道はたいへん大きな反響を呼びました。第1回「日本医学ジャーナリスト協会賞」大賞に輝くという快挙もなしとげたのです。地方紙が日本中に超高齢社会の本質的課題を発信し、多くの識者たちをうならせました。

職能団体として日本医師会も、在宅医療の推進は「かかりつけ医」の大切な役割であるとし、開業医が気楽に往診に応じ、望まれれば在宅での看取りまでかかわるべきとの立場を明確にしています。私が在宅医療をはじめてからの社会の変化は、まさしく隔世の感と表現してもよいと思っています。

より豊かに生きるということ

命の尊さを感じる最も身近な出来事は、子供の誕生と高齢者の死です。ところが、その営みは、どちらも医療施設にゆだねられることとなり、残念なことに生活の場から消えつつあります。ほんの30年ぐらい前まで、栃木県では高齢者が自宅で看取られることは、当たり前のことだったはずです。よりよく生きることの大切さを、自宅での安らかな死が教えてくれていたような気がします。

人生90年時代となる勢いですが、長寿化によって生も死もリアリティーを失い、軽く、薄いものとなっていくような気がしてなりません。寿命を迎えるとき、医学の力で生かされ続けることがはたして幸福なのでしょうか。自分がいったいどのような死を迎えるのかは誰にもわかりません。だからこそ、より深く、より濃く、自らがデザインして人生を豊かなものとすることが大切です。「終わりよければすべてよし」。この言葉は「超高齢多死社会」を生きる我々への羅針盤になると信じています。

第三章　豊かな終章へ　5つの提言

3人に1人が65歳以上になる「超高齢社会」について、2011年12月から長期連載などで報道してきた下野新聞「2025年問題取材班」は、「終章」を豊かに生きられる社会を切り拓《ひら》くため、5本柱の提言をまとめた。急速に人口構造が変わり、「右肩上がり」の経済を前提にした年金・医療などの社会システムは立ち行かなくなる。誰も経験したことのない時代が訪れる。長生きを心から祝福できる未来づくりに踏みだそう。最重要の価値観は、豊かさの実感に直結する「命の質」だ。問題を乗り越える時間として、25年までの十数年は短い。確実に進展する超高齢社会を見据え、議論を呼び掛けたい。

提言1　超高齢社会を認識し「命の質」最重視を

「人口問題の怖さは、刻々と事態が進行するのに、深刻さを認識しにくいことだ」。政策研究大学院大（東京都）の島崎謙治教授は指摘する。超高齢社会を乗り切るには、目の前の事実を受け止めなければならない。

２０２５年、日本は３人に１人が65歳以上となる。今後約20年で高齢者は１・５倍に増え、75歳以上は２３００万人に倍増。一方で「生産年齢人口」とされる15～64歳の現役世代は１千万人減ると推計される。

第一章の「足音」で紹介した野木町。バブル前夜から、新興住宅地へ大量移住した世代に、高齢化の波が押し寄せる。急速な高齢化の象徴でもある町。独居高齢者の見守り事業を始めたある区長は地域の危機感の薄さを感じ「孤独死と空き家ばかり」の将来像を拭えない。

人口構造の変化は、年金、医療、介護などの社会保障制度にも影を落とす。

東京大の辻教授は、国際競争力のある産業の維持を前提に「社会保障費の国民負担を引き上げ、福祉に回るお金を増やすことで、福祉産業が経済をけん引するシステムが必要だ」と訴える。

現在の消費税をめぐる議論で、一定の経済成長がなければ増税に待ったを掛けようとする「景気条項」の考え方とは、ニュアンスが異なる。

こうした視点での幅広い議論とともに、国は、国民が負担増を進んで受け入れられる将来の安心の形を早急に示すべきだ。「安心」を実感することが、お金の「使い控え」を解消し、経済を刺激する可能性も検討されなければならない。

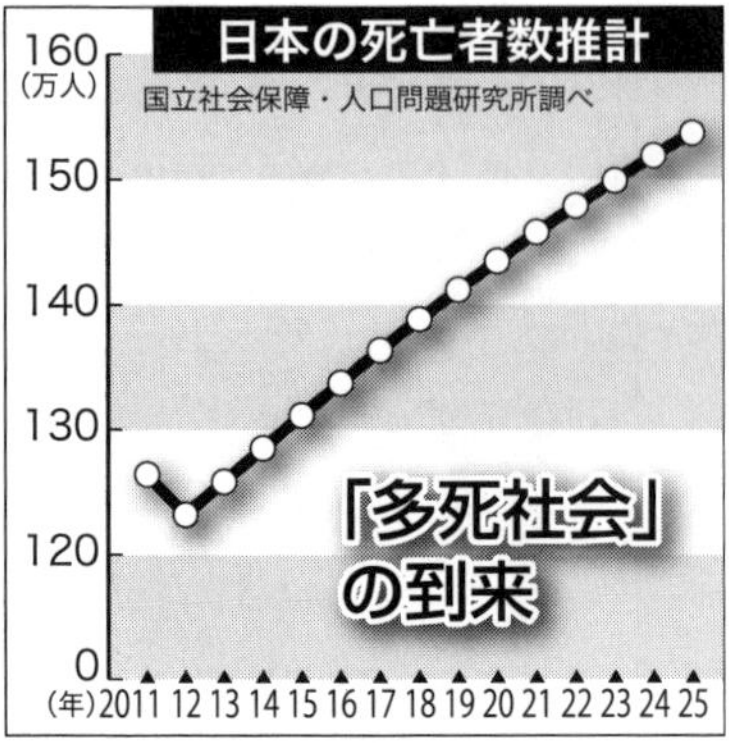

超高齢社会を前向きに捉え直す提案もしたい。「在宅の看取りが減り、死生観を育む機会が失われてきた。今後の多死社会は生と死をめぐる文化をあらためて醸成し、孫子に残す価値ある時代とも言える」。東京都で在宅医療に力を注ぐ平原佐斗司《さとし》医師は強調する。

第一章の「支え合うまちへ」で、世代間交流から将来を展望する宇都宮大3年の加藤ジオランデルさん(20)の姿を描いた。現役世代を含め社会全体が「幸せの未来図」を考えなければならない。

提言2　在宅ケアいつでもどこでも可能な体制に

望めば、いつでもどこでも在宅ケアを選択できる体制が必要だ。

患者が望む場所で過ごせるように、病院や診療所、介護事業所など関係多職種が、より強力に手を携えなければならない。

しかし、担い手の在宅療養支援診療所や訪問看護ステーションは限られ、地域偏在も激しい。

普及にはどんな考え方が求められるのか。

辻教授は指摘する。「一般の消費者は自分が欲しいものを言える。しかし医療では患者側はどうしたらいいか分からないことが多い。だからサービス提供側が行動を起こさねばならない。需要の高まりは、提供側に左右される」

第一章の「わが家で」で取材した鹿沼市の藤倉タイさん(79)は、前立腺がん末期だった76歳の夫政男さんが病院から退院を促され、「今の状態では帰れない」と途方に暮れた。背景に国の医療費抑制に伴う在院日数短縮の流れがあった。政男さんは帰宅し、約1カ月後、穏やかに亡くなった。

自宅療養で、訪問診療した栃木市の渡辺邦彦医師から、日々変わる病状について丁寧な説明やサポートを受け、タイさんの理解が深まった。医療者の適切な情報や支援の提供が在宅療養を後押しした好例だ。

辻教授は「需要が一定レベルを超えると、一気に広がるだろう」と分析する。連載の取材では「在宅ケアを受けたいが、どこに頼ればいいのか分からない」などの声が多く聞かれ、需要の高まりは明らかだ。

国は、診療報酬などで医師が在宅医療に取り組みやすい環境づくりにかじを切っている。サービス提供側が需要を先取りする形で「成功事例」を積み上げていくことが重要だ。

一方、予防重視の在宅ケアで地域医療再生の効果を挙げる北海道の「夕張モデル」

在宅医療の連携強化を目指し話し合う医師や看護師、ケアマネジャーら

もある。同モデルは、自宅療養をベースに、インフルエンザの予防接種などに取り組み、救急搬送を半減させた。過剰処方になりがちな薬も整理し、医療費抑制にもつなげた。

勤務医不足をきっかけに各地で表面化した医療危機の克服にも、可能性を秘めている。

提言3　自然な老いを見つめ直そう

医療技術や病院を軸とした医療提供体制のめざましい発展。私たちに長寿化などの大きな恩恵をもたらす半面、かつて身近にあった老いや死を遠ざけた。「治療」だけでなく、在宅などでの「生活を支える医療」に目を向けよう。心身の虚弱化に伴う苦痛に対応する「高齢者の緩和ケア」を幅広く活用すべきだ。

自分の人生の歩みに沿った「ものがたり」の中で尊厳を保つことが理想になる。

第一章の「老いのものがたり」で取り上げた那須塩原市の鈴木三郎さん(88)は認知症があり自宅療養する。同居の長男邦一さん(53)でさえ、老いを「『ままならない』が増えること」と悟るのに約3年かかった。

すっかり細くなった父の足の細さを目の当たりにした時、「大好きな山歩きができるまでに回復を」との願いは消え、老いに寄り添うことを決めた。

今後の医療・介護の最重要課題と言える認知症対応は高齢者の緩和ケアの象徴ともいえる。平原医師は強調する。「未来の感覚がない認知症末期の人にとって価値があるのは苦痛がなく、よく知る人と過ごし、笑えること。緩和ケアが唯一のアプローチになる」

三郎さんの発熱をめぐってこんなことがあった。自宅を訪問する大田原市、看護師鳥居香織《かおる》さんは「高齢者の体温は気温の影響を受けやすくなる」と知っていた。暖房などを消すと、熱は引いた。鳥居さんが五感を研ぎすまし、患者の求めることを見つける。緩和ケアの一端だ。

緩和ケアは、「ものがたり」の中で三郎さんが自分らしく生きることを後押しする。出勤する邦一さんから声を掛けられ、必ず「行ってこ」と応じる。認知機能が衰えても父の顔をのぞかせる。苦痛が大きくてはできない。

非がん疾患のホスピス緩和ケア

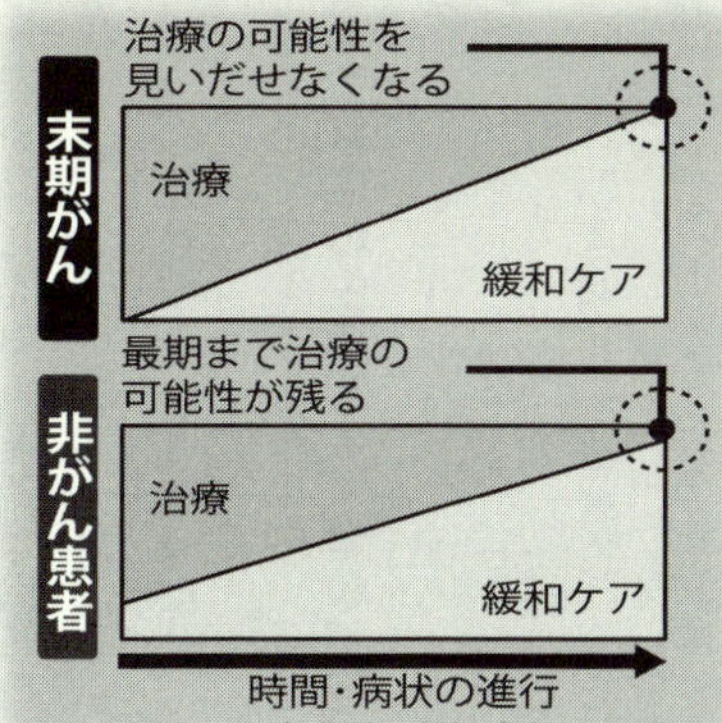

「チャレンジ！非がん患者の緩和ケア」より

一方、老衰と人工的な栄養補給をめぐる延命治療のテーマに取り組む東京都の石飛幸三医師は「健康な時と比べ、終末期の体は水分や栄養を受け付ける量が落ちる。必要以上の量は重症化を招くこともある」と訴える。医療者側も、高齢者医療に対する理解は必ずしも十分ではない。

こうした中、小山市の在宅医太田秀樹医師

らの研究班は12年度、高齢者医療の既存研究成果を初めて体系化する事業に着手した。
また、老いて弱り自宅で暮らすことに不安が生じたら、バリアフリーで見守りのある住宅への住み替えも選択肢だ。

提言4　終章の生き方、熟考し周囲と共有を

自分らしい「生」をどう全うするか。命の「長さ」ばかりでなく「質」を重視して、自ら考え、身近な人たちと共有して備えることが大切だ。意志決定のタイミングは、生活の場にいる期間が望ましい。連載では、最期から目を背けず逆に見つめることで、「終章」を輝かせた人たちがいた。

年を重ねての病を「天寿」と受け入れ「逝き方」を自ら定めたのが、第一章の「老いのものがたり」で掲載した小山市の小倉武さん(83)。がんが疑われたが、検査も手術もせず、自宅療養で家族と豊かな時間を過ごし、12年4月に亡くなった。近しい人たちを見送った経験などから「命は限りがある。闘わない」との死生観を得ていた。

第一章の「足音」で紹介した難病の萩原精《あきら》さんも、「質」にこだわった。「尊厳死の宣言書」を作成し、一切の延命治療を拒み45歳で旅立った。

本人の意志は、消えかける命を前に揺れ動く家族ら介護者の支えともなった。

終末期に望む医療や介護は具体的に選択することが必要だ。

とりわけ議論が大きいのが、おなかの穴から管を通じて直接胃に栄養などを入れる「胃ろう」による治療。食べる力が衰えても人工的な栄養補給で状態改善が期待できる半面、食べる行為を失うことでさらなる虚弱化を招くなどデメリットが生じることも少なくない。

第一章の「わが家で」で掲載した県南の認知症の男性(69)。「延命治療はしない」と決めた。食べられず寝たきりになった時、胃ろうを選択せず、その後のリハビリで食べる力を取り戻した。いったん使ってしまうと、食べる機能を回復できなくなる恐れもあった。

意志を貫けたのは自分の希望を事前に妻と話し合い、共有したためだ。入院先

「その日」のために考える主なもの

介護についての希望

・自宅で過ごしたい／病院で過ごしたい／施設に入りたい
・●●に介護してほしい

終末期の医療についての希望

・在宅医療を受けたい／病院での医療を受けたい
・最期まで人工呼吸器、人工栄養補給など延命措置を望む／尊厳死を選び苦痛を和らげる緩和ケアを望む
・病名、余命の告知をする／しない

遺言の作成について

葬儀方法について

お墓について

から再三勧められた胃ろう。寝たきりで意志を示すのが困難だった男性に代わり、妻が断った。

「患者や家族が、治すことが第1の目的である急性期病院で、延命を拒むことは難しい」と国立長寿医療研究センター（愛知県）の鳥羽研二病院長。自宅なら、熟考できる。自らの思いをつづる「エンディングノート」なども助けになる。

提言5　最期まで安心して住める　支え合うまちに

高齢者を包み込むまちづくりは医療・介護の公的サービスだけでは不十分だ。その隙間を埋める「公的外」のサポートが一体となった「地域包括ケアシステム」を機能

させ、「住み慣れた地域で最期まで」という「エイジング・イン・プレイス」を意識したまちづくりを推進すべきだ。こうした取り組みから、膨らむ介護保険費用の抑制も期待できる。

「エイジング・イン・プレイス」の重要性を訴える東京家政大の松岡洋子講師は、実現の鍵を「みんなが福祉の担い手との意識を持つこと」と指摘する。

2025年、独居など高齢者のみの世帯は4軒に1軒になるという。孤立し弱ったり認知機能の低下を防ぐには、「居場所」づくりが求められる。高齢者の体は10歳以上若返っているとの研究もある。ケアされる人から支え合う人へ―。高齢者も「自らの力を生かす」との発想を持とう。

「公的外」サポートの例が、第一章の「支え合うまちへ」で紹介した那須塩原市の「街中サロンなじみ庵《あん》」だ。

60歳代後半~90歳代の会員は独居の人、病や障害がある人などさまざま。食堂でのランチ作り、送迎車運転、趣味や特技の自主サークルなどで「もったいない力」を出

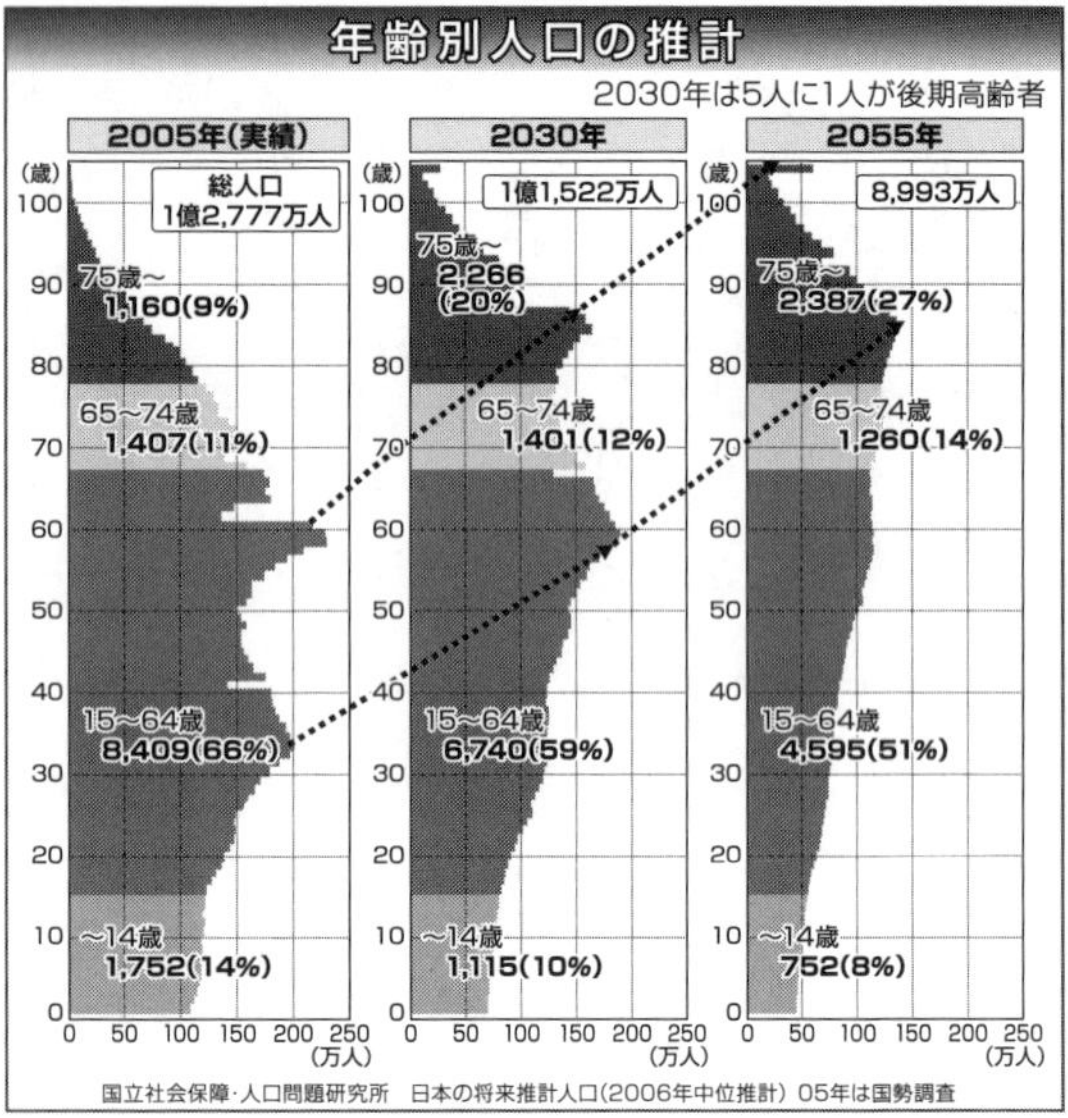

国立社会保障・人口問題研究所　日本の将来推計人口(2006年中位推計)　05年は国勢調査

し合う。介護サービスが不要になった80歳代、体調を保ち身の回りのことをこなす90歳代。なじみ庵を通じ生き生きと過ごす人は数知れない。

こうした居場所は、スタッフが利用者に目を配り、必要に応じて医療・介護につなぐ。

地域の医療、介護、生活支援などの総合相談窓口である県内地域包括支援センターへの本紙アンケートで、回答の9割超が「居場所」が「必要」と答えた。スタッフ数が限られる中、高齢者が集まる居場所は、効率的な対応、需要発掘につながりやすい。実際に居場所を支援の拠点として活用しているのは6割だが、多くが意欲を持っている。

同センターは「地域包括ケアシステム」で関係機関を調整する中核。アンケートでは連携体制構築が難しい実情も浮かんだ。県地域包括・在宅介護支援センター協議会の浜野修会長は「センターが多職種連携を強化するため、最も動く必要があるのは市町」と指摘する。設置主体であり、住民に最も近い市町のけん引が差し迫った課題だ。

おわりに

「終章を生きる」の記事をとじたスクラップをあらためて開いてみました。1年半前の少し色あせた連載当初の切り抜きは、そのころの記憶を呼び覚ましてくれます。

暗中模索でした。少子高齢化が世界最速で進んでいきます。2009年、隣の群馬県で起きた老人施設「たまゆら」の火災は、数多く身を寄せていた東京都内のお年寄りが、終の棲家を見つけにくい実態を浮き彫りにしました。超高齢社会の一端です。栃木県に目を転じても、特別養護老人ホームなどの入所待機者が絶えません。

今までの価値観では社会が立ち行かない。それは感じていました。では、キャンペーン報道で何を訴えるのか。「誰もが住み慣れたわが家で死ねる社会を、と呼び掛けては」「理想の看取りの場を自宅に限定していいのか?」「在宅医療や介護保険サービスの拡充だけでは問題は解決しない」。下取材を重ね、取材班は議論を繰り返しました。そんな産みの苦しみから、ようやく取材内容に光明が差し、テーマに向き合うスタンスも定まりました。超高齢社会から逃れられないのだから、現実を見つめ、未来を前向きに受け止めるためのヒントを読者に提供しよう、ということです。

取材では、目を見張るような人々の生きざま、発想にふれることができました。「お家で介護なんて無理」と捉えていた家族がそれを受け入れ豊かな時を過ごすまでの意識変容、口から食べることで「その人らしさ」を取り戻した人たち、国民負担を上げ「安心」を担保することが持続可能な社会保障制度につながるとの論議…。「胃ろう」をめぐって、医療界でも議論が大きく割れていることも痛感しました。

たくさんの気付きを促してくれた取材相手、読者のみなさんをはじめ取材班を支えてくれたすべての方々に対して、感謝の念に堪えません。

そして、たどり着いたのは、「命の質」の最重視を、と訴える提言でした。

２０２５年まで残された時間は限られています。「長生きを心から喜べる社会の実現」。この色あせない命題を、本書を手に取ってくれた方々とともに考えていきたいと思います。

２０１３年４月

下野新聞社社会部　山崎一洋

下野新聞社《しもつけしんぶんしゃ》

1878年創刊。日刊紙として栃木県内最大の約32万部を発行する。菅家利和さんが再審無罪となった足利事件の報道で第16回平和・協同ジャーナリスト基金賞奨励賞（2010年）などを受賞。発達障害者の姿を追った原則実名のルポルタージュが「科学ジャーナリスト賞2012」大賞を受けた。「終章を生きる 2025年超高齢社会」は山崎一洋、若林真佐子、須藤健人の3記者が担当した。

shimotsuke shimbun-shinsho

下野新聞新書 7

終章《しゅうしょう》を生《い》きる　2025年超高齢社会《ねんちょうこうれいしゃかい》

下野新聞編集局《しもつけしんぶんへんしゅうきょく》　取材班《しゅざいはん》

平成 25 年 5 月 17 日　初版　第 1 刷発行

発行所：下野新聞社
〒 320-8686 宇都宮市昭和 1-8-11
電話 028-625-1135（事業出版部）
http://www.shimotsuke.co.jp

印刷・製本：株式会社シナノパブリッシングプレス
装丁：デザインジェム
カバーデザイン：BOTANICA

Printed in Japan
ISBN978-4-88286-517-9 C0295